S0-DUU-916

TEXTES LITTÉRAIRES

Collection dirigée par Keith Cameron

CI

LA QUÊTE DU BLÉ

Frontispice
Portrait de Venance Dougados

VENANCE DOUGADOS

LA QUÊTE DU BLÉ

**ou Voyage d'un Capucin
dans différentes parties des diocèses
de Vabres, Castres et Saint-Pons,
en prose et en vers**

à Madame la Vicomtesse de Pins
'Honni soit qui mal y pense'

Texte établi et présenté par
Rémy Cazals

UNIVERSITY
of
EXETER
PRESS
Les Audois

ABRÉVIATIONS

- ADPO (suivi du numéro de la pièce): Papiers saisis lors de l'arrestation de Dougados, Archives départementales des Pyrénées-Orientales, Perpignan, cote Lp 234 et 235.
- Colloque 94: *Venance Dougados et son temps. André Chénier. Fabre d'Eglantine*, Actes du colloque de mai 1994, Carcassonne, Les Audois, 1995.
- *Oeuvres de V.*: *Oeuvres de Venance,* publiées par M. Auguste de Labouisse, Paris, 1810.
- Papiers Labouisse: Lettres, notes, fiches de travail de Labouisse, Archives départementales de l'Aude, cote 3-J-1699.
- *Poètes audois*: *Poètes audois dans la tourmente*, catalogue d'exposition, Musée des Beaux-Arts et Bibliothèque municipale de Carcassonne, Archives départementales de l'Aude, 1994.
- Lorsqu'il sera question des témoins et biographes (Saint-Surin, Paulin Crassous, Isidore Dougados, le père Apollinaire et Marfan), on ne donnera pas à chaque fois la référence à leur notice, livre ou article. On la trouvera, complète, une fois pour toutes, dans la dernière partie, 'Vie posthume de Venance'.

First published in 1997 by
University of Exeter Press
Reed Hall
Streatham Drive
Exeter EX4 4QR
UK

British Library Cataloguing in Publication Data
A catalogue record for this book is available from the British Library

University of Exeter Press
ISSN 0309-6998
ISBN 0 85989 535 1

Les Audois
EAN 9782951097018
ISBN 2 9510970 18

Typeset by Sabine Orchard
Printed in the UK
by Antony Rowe Ltd, Chippenham

AVANT-PROPOS

Le poète Jean-François Dougados (Carcassonne, 1762 - Paris, 1794), en religion père Venance, est très mal connu. Sa vie et son oeuvre sont évoquées seulement dans quelques articles de revues oubliées et dans des notices biographiques souvent fautives. *The British Library General Catalogue of Printed Books to 1975* ne mentionne que deux livres concernant notre auteur: les *Oeuvres de Venance*, publiées par M. Auguste de Labouisse en 1810; et *Venance Dougados 1763-1794, un jeune poète victime de la Révolution*, par Albert Marfan en 1938. Les bibliothèques françaises n'en proposent pas davantage. Un examen attentif de ces deux ouvrages fait apparaître de nombreuses faiblesses. Ils n'en demeurent pas moins deux jalons indispensables dans la connaissance du poète.

Lors du bicentenaire de la Révolution française, les livres de Labouisse et de Marfan ont attiré mon attention sur Venance Dougados. Pour mieux connaître ce personnage intéressant à plus d'un titre, deux moyens se sont présentés. Il fallait entreprendre la recherche de ses manuscrits et des documents qu'il a laissés pour l'histoire. On pouvait aussi essayer de le situer dans son époque, dans la littérature, dans les milieux qu'il avait fréquentés, en faisant appel à des spécialistes réunis en colloque. Ce dernier eut lieu à Carcassonne en mai 1994, sous le titre *Venance Dougados et son temps. André Chénier. Fabre d'Eglantine* (Fabre est né à Carcassonne en 1750; la famille Chénier était audoise). Cette fructueuse rencontre a atteint son but. En outre, les participants ont souhaité que les textes de Dougados, à commencer par *La Quête du Blé*, soient correctement publiés. Le professeur Malcolm Cook, auteur d'une communication au colloque, faisait connaître son édition de *Jean Calas* de Marie-Joseph Chénier dans la collection 'Textes littéraires' des Presses Universitaires d'Exeter. Mon projet correspondait aux caractéristiques de la collection. Cela donnait aussi l'occasion d'une intéressante réalisation franco-britannique en liaison avec l'association culturelle 'Les Audois', organisateur du colloque de 1994 et éditeur des Actes.

Pour établir le texte de cette *Quête du Blé*, j'ai utilisé cinq manuscrits retrouvés dans des collections publiques ou privées. Ils présentent entre eux des variantes, mais aussi une unité de style qui les oppose à la version donnée par Labouisse et recopiée par Marfan. En même temps, j'ai appris, par des documents sûrs que je citerai plus loin, que Labouisse avait réécrit l'oeuvre à sa façon, ce qui le disqualifie. Rendu à Venance Dougados, le texte de *La Quête* occupe la partie centrale de ce livre, suivie des notes et variantes. Il a paru indispensable de donner aussi le texte de l'élégie *L'Ennui*, proposée au concours de l'académie des Jeux Floraux de Toulouse. Quant à la biographie de l'auteur, même si subsistent des zones d'ombre, la découverte de sources variées permet de répondre à quelques questions et de corriger, là aussi, de multiples erreurs. Il m'a semblé plus juste de ne pas donner le récit complet de la vie de Dougados avant de laisser lire son oeuvre de 1786. Le livre comprend donc deux chapitres biographiques séparés par le texte de *La Quête* et ses notes. Enfin, la traditionnelle rubrique 'Bibliographie' peut gagner en intérêt si on en fait une 'Vie posthume' de Venance en montrant, chronologiquement, pour chaque article ou livre à lui consacré, ce sur quoi il s'appuie, ce qu'il apporte, ainsi que ses lacunes, ses faiblesses, ses erreurs. Cette dernière partie voudrait illustrer la construction progressive de notre connaissance, encore limitée, du poète.

Un fils de cordonnier, des nobles, le clergé...[1]

Il est difficile d'établir la biographie d'un auteur presque inconnu. Il existe peu d'études sur lesquelles s'appuyer, peu de papiers familiaux dans le cas de cet homme issu d'un milieu pauvre. Les documents sont décousus et disparates. Dans les liasses conservées aux Archives des Pyrénées-Orientales, figurent, par exemple, 20 lettres de la mère du poète: 4 non datées; 1 de 1782; 9 de 1788-89; 2 de 1791; 1 de 1792; 3 de 1793. Quant aux réponses, la mère les avait conservées, Labouisse les a vues, en a fait le résumé sur quelques papiers de brouillon, dont certains ont été retrouvés par le plus grand des hasards, mais les originaux ont disparu.

Même la date de naissance de Jean-François Dougados a longtemps posé problème. Dans leurs notices, données en l'an V (1797) à *La Décade philosophique*, ses amis Saint-Surin et Crassous indiquaient, le premier: 'Le citoyen Dougados naquit, dans le Midi de la France, de parents sans fortune, en 1763 ou 1764', et le second: 'dans un petit village aux environs de Carcassonne', sans mention de date. En publiant les *Oeuvres de Venance* en 1810, Labouisse précisait: le 12 août 1763 à Carcassonne. Cela fut répété dans plusieurs notices, notamment celle de la *Biographie Universelle* de Michaud. Un article de *La Mosaïque du Midi* en 1841 corrigeait l'année: 12 août 1762. Ce n'est qu'à l'extrême fin du siècle qu'un biographe, le père Apollinaire, consulta les registres de la paroisse Saint-Sernin à Carcassonne et trouva Jean-François Dougados, baptisé le 10 août 1762, le jour même de sa naissance. En 1938, Marfan profitait de la découverte d'Apollinaire mais laissait subsister une date fausse dans son titre sur la couverture du livre. Or, il est intéressant, d'abord d'être précis quand aucun obstacle ne s'y oppose, ensuite de montrer que Dougados est né la même année qu'André Chénier (celui-ci, le 30 octobre, à Constantinople, d'un père carcassonnais).

Voici le texte de l'acte de baptême tel qu'on peut le lire en original sur le registre de Saint-Sernin, aux Archives de l'Aude, ou en copie dans les papiers Dougados aux Archives des Pyrénées-Orientales: 'L'an mil sept cent soixante deux et le dixième août a été baptisé Jean-François, fils légitime de Pierre Dougados, cordonnier, et de Françoise Tardif, né aujourd'hui. Son parrain a été M. Jean-François Escudié, diacre; sa marraine Jeanne-Marie Menot. Présents: le père de l'enfant, M.

---

1 (Biographie de Venance Dougados jusqu'à la rédaction de *La Quête*)

Barthélémy-François Roquefort, clerc tonsuré, et Jean Fourès, diacre, signés avec nous.'

L'incertitude quant à la date de naissance est levée, mais il en reste beaucoup d'autres. La biographie de Jean-François Dougados jusqu'à la rédaction de *La Quête du Blé* s'articule autour des questions: Comment cet enfant de famille pauvre a-t-il pu faire des études? Pourquoi est-il devenu capucin? Comment s'est-il comporté au cours de sa formation monacale? Quel était le 'bagage' (intellectuel) du quêteur de 1786?

Comment cet enfant pauvre a-t-il pu faire des études?

Tous les auteurs de la fin du XVIIIe siècle et du début du XIXe qui ont connu Dougados et sa famille sont d'accord pour évoquer la pauvreté des parents du poète. L'acte de baptême donne la profession du père, cordonnier; tous les autres actes consultés, jusqu'à son décès (12 nivôse an II ou 1er janvier 1794), portent la même indication. La mère, Françoise Tardif, était charcutière lors de son décès (26 décembre 1814). Une de ses lettres à son fils nous apprend qu'elle vendait (sur le marché? dans une boutique? à domicile?) et qu'elle aidait les particuliers qui tuaient un cochon chez eux, une pratique traditionnelle même en ville:

'Vous me demandez comme va mon commerce. Je vous assure et vous dis la vérité que je ne débite dans la semaine que ce que je vendais le dimanche. Il n'y a point d'argent à Carcassonne. Riches et pauvres n'achètent presque rien, et tout a doublé son prix. Je n'ai fait des saucissons que chez Mme Thoron. Personne ne tue de cochon chez eux. Enfin, je suis hors de mon latin pour suffire à mes affaires, mais j'espère à la providence. Aidez-moi en me donnant quelque satisfaction. Vous êtes mon plus grand souci, et si vous étiez heureux, tout le reste ne me serait rien[2].'

Les grands-pères de Jean-François Dougados étaient cardeur de laine (Etienne Dougados) et tourneur (Jean Tardif). Parmi les relations familiales (parrains, personnes présentes aux baptêmes), on note d'autres artisans (pareur, tisserand, cordonnier), mais on remarque aussi les professions de greffier, huissier, imprimeur-libraire, ainsi que des membres du clergé. Pierre Dougados sait signer, Françoise Tardif aussi, lors de son mariage, alors que seulement 20 % des Carcassonnaises en

2 ADPO-173 (26 déc. 1782). Orthographe normalisée pour le confort du lecteur (mais Françoise Tardif écrivait correctement). Le vouvoiement au sein de la famille est une forme de politesse traditionnelle.

étaient capables à la même époque[3]. La lettre citée plus haut prouve qu'elle écrivait même très bien. On a donc affaire à une famille de petits artisans, faisant partie d'un milieu urbain englobant des professions d'un statut supérieur, avec des parents ecclésiastiques, ce qui pouvait, d'oncle à neveu, de parrain à filleul, favoriser l'ascension sociale.

Jean-François fut baptisé en l'église Saint-Sernin, à l'intérieur des remparts de la Cité de Carcassonne (église aujourd'hui détruite, mais dont on reconnaît l'emplacement). Ses parents s'étaient mariés le 7 novembre 1758 en l'église Saint-Vincent de la ville basse, paroisse de l'épouse, selon la tradition. Puis, ils s'étaient installés au pied de la Cité, à la Trivalle haute, où Pierre Dougados avait sa boutique de cordonnier. Les trois premiers enfants, nés à la Trivalle, furent baptisés à Saint-Sernin: Françoise en 1760; Jean-François en 1762; Pierre en 1764. Entre le 11 octobre 1764, date du dernier baptême à Saint-Sernin, et le 30 août 1767, date du premier baptême à Saint-Vincent, les Dougados descendirent en ville basse où ils logèrent rue des Pénitents-Bleus[4]. Les naissances continuèrent à rythmer leur vie. Françoise Tardif accoucha de sept filles et de trois garçons entre 1767 et 1784 (quatre filles et un garçon moururent avant 1784). Or, la maison qui abritait tout ce monde était bien petite, sans jardin, même si elle se trouvait à proximité de 'cour, patu et terrasse' de Noble Jean-Pierre de Rolland-Fourtou, une grosse fortune locale[5].

Préciser, autant que possible, la date de la descente des Dougados en ville basse, présente un autre intérêt. André Chénier et Jean-François Dougados auraient-ils pu se rencontrer, se connaître à Carcassonne au temps de leur enfance? Rappelons que les deux garçons avaient exactement le même âge. Une distance de 250 mètres séparait la maison du cordonnier de celle d'André Béraud et Marie Chénier qui, n'ayant pas d'enfant, hébergeaient leur filleul et neveu. Jean-François Dougados vécut en ville basse à partir d'une date située entre 1764 et 1767. André Chénier y arriva en 1765, s'y trouvait encore à coup sûr en juin 1771 et n'en partit vraisemblablement qu'en 1773. Les Béraud étaient plus riches que les Dougados, mais on a vu que la séparation des milieux sociaux n'était pas absolument tranchée. André et Jean-François firent à Carcassonne leurs

---

3 Voir *Histoire de Carcassonne*, J. Guilaine et D. Fabre dir., Toulouse, Privat, 1984, p. 155 (D. Blanc).

4 Aujourd'hui à l'angle des rues Victor-Hugo et Jules-Sauzède, côté Sud-Ouest.

5 Plan détaillé aux Archives de l'Aude, cote Carcassonne CC 231.

études primaires... On ne peut en dire plus. Rien ne prouvera sans doute jamais une rencontre des deux futurs poètes, ce qui serait d'ailleurs du domaine de l'anecdote, mais il m'a paru utile d'opérer ce rapprochement[6].

Définir la ville paraît plus important. Au XVIIIe siècle, Carcassonne était dominée par l'industrie lainière livrant des produits de haute qualité à destination des Echelles du Levant, c'est-à-dire des ports de l'Empire turc. C'est d'ailleurs la raison pour laquelle le père d'André Chénier a longtemps vécu à Constantinople. Il était le représentant d'une maison de négoce en draperie[7]. Les hauts et les bas de la conjoncture entraînaient toute la vie de Carcassonne, et le commerce de Pierre Dougados et de Françoise Tardif en dépendait. Enfant, Jean-François fut vraisemblablement plus marqué par les couleurs, les odeurs et les bruits, couleurs chatoyantes des pièces de drap étendues tout autour de la ville, odeurs des produits de teinture, tic-tac des roues hydrauliques, claquement des navettes des innombrables métiers à tisser...

Pour une famille dans laquelle la mère savait lire et écrire, et qui avait quelques hommes d'Eglise dans sa parenté, il était normal que les enfants reçoivent une instruction primaire. Mais au-delà? Tous ceux qui l'ont connu mettent en avant les qualités intellectuelles du jeune Jean-François, qui progressait plus vite que ses camarades. Par ailleurs, le collège des Doctrinaires se trouvait à proximité de la rue des Pénitents-Bleus. Jean-François pouvait profiter de l'externat, en principe gratuit[8]. Cependant, la poursuite des études faisait engager des frais; en âge de travailler de ses mains, le collégien ne rapportait aucun salaire au foyer familial chargé de nombreux enfants. Comment s'en sortir? Ses parents 'trouvèrent néanmoins dans leurs efforts redoublés et dans les privations auxquelles ils se condamnèrent, les moyens de faire donner à leur fils une bonne éducation', écrivait A. J. Carbonell à Labouisse en 1807. Ce dernier ajoutait: 'M. le comte D'**, militaire distingué, homme instruit et bienfaisant, prit soin de son éducation[9].' Dans *La Quête*, Dougados exprimera sa reconnaissance envers son protecteur, Joseph de Voisins d'Alzau (1729-1782). On ignore comment se manifestait concrètement

6 Voir Paul Dimoff, *La vie et l'oeuvre d'André Chénier jusqu'à la Révolution française*, Genève, Slatkine reprints, 1970, p. 42-47.

7 Voir *L'industrie lainière en Languedoc, depuis la préhistoire jusqu'à nos jours*, R. Cazals dir., Montpellier, APALR et Les Audois, 1995 (Louis Chénier cité p. 2, 40, 45).

8 Voir Jean de Viguerie, *Une oeuvre d'éducation sous l'Ancien Régime : les pères de la Doctrine chrétienne*, Pub. de la Sorbonne, 1976.

9 *Oeuvres de V.*, préface de Labouisse p. 3, et notice de Carbonell p. 41.

cette protection. Au moins par l'accès du fils du cordonnier à une bibliothèque, par la fréquentation d'un milieu plus instruit et plus raffiné, peut-être par la prise en subsistance partielle du collégien (ainsi André Chénier profitait-il de l'hospitalité fastueuse des Trudaine, ses amis[10]). Enfin, aux privations roturières de la famille et à la protection noble de M. d'Alzau, s'ajouta l'intervention de l'évêque. Un article de 1841 nous apprend que le jeune Dougados rédigea une harangue en vers à l'occasion de l'entrée de Mgr de Puységur à Carcassonne, et que l'évêque, charmé, lui permit de 'prendre le petit collet', c'est-à-dire l'habit ecclésiastique (notons que Mgr de Puységur est devenu évêque de Carcassonne en 1778; Jean-François Dougados avait alors 16 ans et n'était pas aussi jeune que l'article le laisse entendre). La faveur de l'évêque s'accompagnait-elle d'avantages matériels? Nous l'ignorons. On peut penser qu'elle servit à rendre les maîtres du collège plus patients devant l'attitude de leur élève habité par le 'démon de la poésie'.

Tous ses biographes signalent la précocité de Jean-François en ce domaine. Lui-même dit, dans *La Quête*, qu'il commença à versifier à l'âge de 15 ans, en l'honneur d'une Adélaïde qui était vraisemblablement la fille aînée du comte d'Alzau, Marie-Thérèse, née le 9 décembre 1763. Le papa voyait cela en souriant... Mais les professeurs 'avaient sur le coeur ses satires et ses madrigaux'. Aussi, lorsqu'il souhaita devenir à son tour enseignant chez les Doctrinaires, ceux-ci, qui le connaissaient trop bien, auraient refusé de l'accepter[11].

Pourquoi est-il entré chez les Capucins?

Sur cette nouvelle question, examinons les hypothèses en présence.

Un seul auteur, Saint-Surin, évoque une vocation religieuse: 'Dans cet âge tendre où le premier épanouissement de la sensibilité invite un coeur neuf à l'attrait de la solitude, où le charme de la nature, se faisant sentir pour la première fois, le porte vers son sublime auteur, il fit voeu d'entretenir sans cesse avec le Ciel de pieuses relations. Pour effectuer cette promesse indiscrète, il s'ensevelit dans un couvent de Capucins, sous le nom du père Venance.' Mais ces relations avec le sublime auteur de la nature restent une argumentation un peu vague. Ce que l'on sait par

10 Voir Georges Buisson, 'André Chénier à la recherche d'une position sociale', dans Colloque 94.

11 D'après les articles d'Isidore Dougados (même nom, mais pas même famille) dans la *Mosaïque du Midi* en 1841 et dans la *Revue de l'Aude* en 1846, et le texte même de *La Quête*.

ailleurs de Dougados ne milite pas en faveur de l'interprétation de son ami.

Lisons à présent Paulin Crassous: 'Il devint amoureux d'une jeune personne qui répondit d'abord à sa passion, et finit par le trahir. Le désespoir le jeta dans un cloître.' Il semble bien que Crassous se fasse l'écho d'une confidence, ce qui ne garantit en rien l'authenticité du fait. Carbonell, qui reçut aussi des confidences, affirme: 'Ce ne fut point (comme l'ont cru quelques personnes) une passion trahie, un amour malheureux.'

Carbonell lui-même, suivi par Labouisse, Sicard (dans la *Biographie Universelle* de Michaud), Isidore Dougados et Marfan, estime que notre héros cherchait dans un couvent la tranquillité d'esprit lui permettant de se livrer à sa passion pour la poésie. Lors du colloque *Venance Dougados et son temps. André Chénier. Fabre d'Eglantine*, on eut l'occasion de remarquer que, pour les trois poètes, quel que soit le talent qu'ils se reconnaissaient, il fallait trouver une position sociale, s'assurer un état ('Ne vous exposez pas à revenir ici battre le pavé, c'est mon plus grand souci', écrira Françoise Tardif à son fils en 1788). En ce qui concerne Dougados, le choix des Capucins n'était peut-être pas le meilleur, mais si les Doctrinaires l'avaient refusé...

On retiendra donc cette interprétation raisonnable et exacte au fond. Mais peut-on rejeter absolument l'affirmation de P. Crassous? Pour répondre, beaucoup de pièces manquent. En voici quatre, pourtant, qu'il faut prendre en considération.

1. Depuis l'âge de 15 ans, Jean-François Dougados écrit des vers en l'honneur de Marie-Thérèse d'Alzau, à peine plus jeune que lui. Les deux adolescents s'entendent bien. Dans *La Quête*, le poète évoquera 'cet âge innocent où nos plaisirs et nos amusements étaient les mêmes'. Mais le temps passe. Arrive 1782, et Jean-François entre dans sa vingtième année, Marie-Thérèse dans sa dix-neuvième. D'autres passages de *La Quête* laissent clairement entendre que le jeune homme éprouva pour la demoiselle des sentiments très forts.

2. Le père de Marie-Thérèse, qui avait toujours bien accueilli le gentil poète, meurt à Carcassonne, le 12 mai 1782.

3. D'après sa correspondance avec sa mère, il semble que Jean-François ait passé deux mois à Toulouse au printemps de 1782 (comme précepteur?). Il est sûr qu'il exerçait cette profession à Sète en été et qu'il s'y trouvait encore au début de 1783.

4. A une date imprécise, mais avant le 4 novembre 1782, se place l'épisode de la Sainval. Cette actrice jouait à Carcassonne et, selon la coutume, lisait au public les vers que ses admirateurs jetaient à ses pieds sur la scène. Dougados en rédigea de 'fort galamment tournés' qui 'obtinrent les plus vifs applaudissements'. L'actrice aurait appelé le jeune homme auprès d'elle pour le sermonner. L'opinion publique pouvait broder là-dessus. Et Jean-François avait bien raison de demander à sa maman si son aventure avec la Sainval lui avait fait du tort dans l'esprit des demoiselles d'Alzau[12].

La mort de M. d'Alzau avait-elle obligé le jeune Dougados à chercher un emploi? L'histoire avec la Sainval avait-elle fâché Marie-Thérèse? Cette bêtise, le rappel des convenances à respecter par une jeune fille noble, la différence de condition sociale réaffirmée, ces trois considérations auraient-elles mis fin à des relations sur lesquelles Jean-François s'était fait des illusions? Dans *La Quête*, le poète évoquera 'l'amitié' de la demoiselle, mais aussi sa 'rigueur'.

La recherche d'un état reste un fait indiscutable. La décision d'entrer dans un cloître, présentée par tous comme brutale, donne quelque vraisemblance à la confidence faite par Dougados lui-même à son ami Paulin Crassous.

Comment s'est-il comporté au cours de sa formation monacale?

On retrouve un terrain plus solide, sans que la chronologie soit établie dans les détails, avec son année de noviciat à Béziers, son passage à Rodez, ses cours de théologie à Toulouse, interrompus par diverses fredaines, et terminés par son envoi en punition au couvent de Notre-Dame d'Orient.

De son séjour à Béziers, du 5 novembre 1783 au 7 novembre 1784, on sait peu de choses. Il écrivait à sa mère qu'il composait de la poésie sacrée, et qu'il envoyait des poèmes plus légers à l'*Almanach des Muses*, publiés 'sous le voile de l'anonyme'. On a également de cette époque deux lettres de son frère Pierre, qui était entré en 1780 dans une congrégation enseignante avec, semble-t-il une vocation religieuse plus apparente. Il y avait pris le nom de frère Venance, ce qui n'a pas simplifié la tâche des

12 L'épisode est raconté par I. Dougados dans la *Revue de l'Aude*, 1846. Les relations entre Dougados et l'actrice, sans être précisées, sont authentifiées par la correspondance avec sa mère (Papiers Labouisse, lettre du 4 nov. 1782 ; ADPO-173, lettre du 26 déc. 1782) et par une lettre de Chabot dont il sera question plus loin.

biographes. Ainsi Venance (Pierre) écrivait-il à Venance (Jean-François), le 14 décembre 1783, après avoir exprimé sa surprise: 'Je remercie encore le tout-puissant de vous avoir attiré dans sa propre maison pour vous faire goûter les douceurs de la paix intérieure', et: 'Rien ne prouve mieux votre amitié que le nom que vous avez pris en quittant le monde[13].'

Après avoir annoncé à sa mère qu'il irait suivre des cours à Rodez dès la fin de son noviciat, Jean-François Dougados prononça ses voeux en l'église des Capucins de Béziers, le 7 novembre 1784: ...'après les cérémonies accoutumées, de mon plein gré et pure volonté, sans y être forcé ni par mon père, ni par ma mère, ni qui que ce soit, j'ai fait ma profession religieuse entre les mains du père Marcellin d'Abriès, capucin, maître des novices, en qualité de frère clerc sous le nom de frère Venance, distinctement et à haute voix ai prononcé mes voeux en la forme qui suit: Moi, frère Venance, fais voeu et promesse à Dieu tout puissant, à la bienheureuse Vierge Marie, au bienheureux Saint François et à tous les saints, tout le temps de ma vie, de garder la règle des frères mineurs, confirmée par le pape Honoré, vivant en obéissance, sans propre et en chasteté. Je veux que le présent acte soit irrévocable, en foi de ce ont signé avec moi les témoins[14].'

Je n'ai trouvé qu'un document sur le passage à Rodez. Il s'agit d'une lettre à sa mère, datée du 17 janvier 1785, qui raconte son arrivée au couvent des Capucins de cette ville après un voyage épique, à pied, d'abord sous la pluie, ensuite sous la neige. Rencontra-t-il à Rodez le père Augustin de Saint-Geniez, c'est-à-dire François Chabot? Toujours est-il qu'on retrouve Venance inscrit au cours de théologie d'Augustin au couvent des Capucins de Toulouse, le 9 juillet 1785[15].

Carbonell, Labouisse et Isidore Dougados ont affirmé que Venance et Augustin s'étaient brouillés, que le second avait éprouvé de la jalousie des succès poétiques du premier, que le maître avait persécuté l'élève (et même, à la fin, qu'il était responsable de sa mort en 1794). Au contraire, avec un grand bon sens, le père Apollinaire a montré que ces accusations ne tenaient pas. Réservons l'étude de la période révolutionnaire pour plus tard, et examinons les relations entre les deux hommes à Toulouse en

---

13 ADPO-79, 173, 174, 187, 188. Jean-François allait recevoir à Béziers la nouvelle de la mort de son frère Pierre (20 sept. 1784, de 'pulmonie').

14 ADPO-15.

15 Papiers Labouisse (17 janv. 1785) ; registres du couvent de Toulouse consultés par le père Apollinaire.

1785-86. Pour le faire, nous disposons d'une dizaine de lettres d'Augustin à Venance, datées de 1786 et 1787, qui évoquent le passé immédiat. On peut dire, en résumé, que Venance était l'élève exaspérant et préféré d'Augustin. Paresseux, désobéissant, il était un 'boutefeu' qui cherchait à dégoûter du travail les autres élèves et donnait 'du fil à retordre'. Insupportable, il ne cessait de rédiger et de faire circuler des poèmes ridiculisant son maître. 'J'ai, depuis votre départ, une paix que je ne connus jamais auprès de vous', écrit le père Augustin, le 16 février 1787. Pourtant, toutes les lettres se terminent par le souhait du retour de l'élève indocile: 'Je sais tout vous pardonner. Je suis toujours votre ami' (3 nov. 1786); 'L'amitié que j'ai toujours eue pour vous n'est pas un mystère, et je ne l'ai jamais désavouée devant personne. Je m'en suis fait gloire devant tous ceux qui m'en ont blâmé. Je donnerais de mon sang pour qu'il fût possible de vous remettre dans mon cours et de vous serrer entre mes bras' (28 nov. 1786); 'Il n'est rien que je ne fasse pour vous prouver que je vous suis attaché' (30 janvier 1787). On pourrait multiplier les citations de même sens.

Une grande complicité s'établit entre les deux capucins. 'Vous avez été le dépositaire de mes secrets et de mes peines', écrit Augustin le 7 février 1787. Une lettre non datée évoque une femme qui fut successivement la 'maîtresse' de l'un et de l'autre. Quand il est malade, quand il fait une crise de pénitence, c'est encore auprès de Venance qu'Augustin vient s'épancher[16]. On n'a pas les lettres de Venance à Augustin. Il est possible que, sachant qu'il pouvait tout se permettre, Venance soit allé très loin dans ses attaques, et que ce comportement soit une origine de la légende de la haine de Chabot pour Dougados.

Si Augustin a 'un faible' pour son élève, la communauté le lui reproche, et Venance ne va pas bénéficier de la même impunité de la part de ses supérieurs. Eux aussi furent les victimes de poèmes satiriques: 'il ne cesse de nous en inonder', écrit le père provincial. Dès l'automne de 1785, Venance a des démêlés avec le père gardien du couvent de Toulouse, qui se plaint au provincial. Ce dernier sermonne le coupable, le jour de Noël: 'Votre petite vanité vous avait sans doute persuadé que vous pouviez faire la loi. Je vous exhorte d'avoir le respect et la soumission à votre supérieur et de vous pénétrer un peu plus des sentiments de religion et de l'esprit de votre état, vous en avez grand besoin.' Le 2 avril suivant, c'est un très

16 ADPO-85, 103, 112, 121, 133, 153 et 203.

sérieux avertissement qu'il faut adresser à l'étudiant, car il n'a rien fait pour se corriger. Les punitions ponctuelles, 'manger à terre', 'dîner à genoux', sont inefficaces. Trois fois, Venance est retiré de l'étude. Finalement, il est envoyé au couvent de Notre-Dame d'Orient, dans les montagnes du diocèse de Vabres, bien loin de la grande ville. C'est une punition. Le père provincial engage le jeune capucin à s'y bien comporter et à se corriger 'de ce qu'il y a en [lui] qui peut être contraire à la société religieuse, surtout cet air hautain et suffisant'[17].

Le 'bagage' du quêteur

Quelques semaines s'écoulèrent entre l'arrivée de Venance à Orient et son départ pour la quête. En si peu de temps, il avait réussi à devenir un convive habituel du château du Py, situé à quatre kilomètres au sud du couvent. M. et Mme de Farenc le recevaient et lui donnaient accès à leur bibliothèque. La veille même du départ, nous dit Venance, il était au château. Au fond, il retrouvait là une situation connue d'hôte d'une famille noble. Les Farenc firent jouer leurs relations en faveur d'un capucin bel esprit, ils lui donnèrent des recommandations pour leurs amis. Au retour, Venance composera son oeuvre au château du Py, pour ne pas être dérangé, et M. de Farenc en conseillera la lecture à ses connaissances.

La tournée de quête devait conduire le capucin, son guide et son âne à travers un territoire appartenant aux trois petits diocèses méridionaux de Vabres, Castres et Saint-Pons, correspondant aujourd'hui au sud-ouest de l'Aveyron, à l'est du Tarn et au nord-ouest de l'Hérault. C'est une région de moyenne montagne, dans le Massif Central. Le couvent, au fond de la vallée du Rance, n'est qu'à 350 mètres d'altitude, mais la plus grande partie de l'itinéraire de la quête, de Roquecezière à Lacaune, et autour de Lacaune, se situe entre 800 et 900 mètres. 'Je fus destiné' à aller dans ces parages, dit le quêteur poète. Il semble que, connaissant la présence à Monségou, près de La Salvetat, de Mlle d'Alzau, devenue entre temps Mme de Pins, Venance se soit arrangé pour choisir son secteur.

C'est un pays où les nobles parlaient français, mais où les paysans s'exprimaient en langue d'oc. François Chabot (le père Augustin), dans sa

17 ADPO-99, 100, 192, 195 et 203. Il arrivait que des séculiers soient envoyés, par lettre de cachet, dans des couvents isolés. Voir, dans R. Cazals, *Autour de la Montagne Noire au temps de la Révolution*, Carcassonne, CLEF 89, 1989, l'exemple du curé contestataire de Pompignan, exilé à N.-D. d'Orient en 1775.

réponse détaillée à l'enquête lancée par Grégoire en 1790 sur les 'patois de France', écrira: 'Je voulais m'occuper de former mes écoliers capucins à l'instruction des gens de la campagne, et travailler, en conséquence, à perfectionner la langue dans laquelle ils devaient parler[18].' Venance fut son élève, peu attentif il est vrai, mais, Carcassonnais de milieu populaire, il comprenait et parlait cette langue (même s'il y avait des nuances de prononciation et de vocabulaire entre le sud du Rouergue et le Carcassès). Son 'écuyer' pouvait l'aider dans ce domaine aussi. Certaines versions de *La Quête* font hasarder à Bertrand deux ou trois mots patois, mais ils sont bannis des autres textes. La servante du curé de Fraisse chasse le quêteur importun avec une phrase, selon les versions, en français correct ou en ce que Venance pensait être le langage paysan au nord de la Loire. Ajoutons que, lorsque Claude Peyrot lui adressa une épître en patois du Rouergue, Venance répondit en français.

La quête est une pratique établie par la règle des Capucins, les frères de Saint-François. A l'origine, il ne fallait demander que pour les besoins immédiats; il ne fallait pas accumuler des provisions, ni accepter de l'argent. Le temps assouplit ces préceptes. La quête perdit son sens primitif. Des abus de toutes sortes se commettaient (on trouve, par exemple, des allusions au commerce des messes dans la correspondance de Chabot à Dougados)[19]. D'un autre côté, le quêteur recevait parfois 'des affronts'. Aussi cherchait-on à échapper à la corvée. Venance s'en évada en privilégiant la fréquentation des jolies dames, et en pratiquant l'ironie dans son récit. *La Quête* nous parle de son auteur, elle nous donne 'un vivant portrait du jeune religieux peu conformiste qu'il était'[20].

Afin de rendre ce portrait plus complet, dans le domaine de la description physique, nous disposons du témoignage de trois de ses amis. Saint-Surin le dépeint ainsi: 'Sa taille était au-dessous de la médiocre; il était bien tourné; d'une assez jolie figure; sa peau était très brune; son air spirituel, animé, mais rêveur. Son expression, même dans la conversation, était pittoresque et orientale[21], sans que cela choquât, parce qu'on voyait qu'elle n'était pas recherchée.' Paulin Crassous confirme: 'Son extérieur était à peu près tel que le dépeint le citoyen Saint-Surin.' Et Carbonell, de

18 Voir *Poètes audois*, p. 17-18.

19 ADPO-128 et 147.

20 Voir Bernard Dompnier, '*Quêter du grain et des affronts*. Les remises en cause de la mendicité des Capucins à la fin du XVIIIe siècle', dans Colloque 94.

21 Ce mot est peut-être mis par erreur pour 'originale', mais le texte imprimé est sans équivoque.

même: 'Dougados était bien fait, bien tourné, mais d'assez petite taille. Il avait une figure très agréable; il était brun; son air était spirituel, son regard très animé, sa voix forte, sonore, son geste plein de feu.' Cette répétition permet de constater l'accord des trois hommes qui l'ont connu, Crassous en 1788, Saint-Surin et Carbonell en 1792.

Nos témoins signalent les lectures du jeune capucin, et ses écrits nous renseignent aussi. Il avait reçu la culture classique traditionnelle des collèges de l'époque, et sa prédilection allait aux poètes, Tibulle, Ovide, Virgile, Horace. Dans les vers de Venance, la référence à leurs oeuvres et, d'une façon générale, à l'antiquité, est permanente. Mais il choisit souvent le nom d'un lieu, d'un héros ou d'une nymphe pour les seuls besoins de la rime. Parny et Gessner, que Venance appréciait, pratiquaient de même. 'Il savait Racine presque par coeur, écrit Saint-Surin; il s'était identifié avec cet excellent modèle.' Autre maître, Rousseau. La génération à laquelle appartient Dougados a rendu un véritable culte à l'auteur de la *Nouvelle Héloïse*[22]. Le groupe (le capucin, le guide et l'âne) devait susciter la comparaison avec don Quichotte, Sancho et Rossinante. Venance n'y manqua point. Il connaissait l'oeuvre de Cervantès. Il avait vu de près le *Voyage de Chapelle et Bachaumont* et le *Voyage en Bourgogne* du chevalier Bertin. Chapelle et Bachaumont avaient écrit au XVIIe siècle, en prose et en vers, ce qui allait devenir le modèle de ces oeuvres aimables et faciles 'qu'inspirent le plaisir et l'indolence', dans lesquelles 'les négligences sont pardonnables quand on dit des riens avec tant d'esprit'. Une tradition se créa[23]. Le *Voyage* était souvent dédié à une dame de qualité (Venance fera de même). Il y avait des règles à respecter, des *topoï*[24]. Les lecteurs, élite sociale, aimaient qu'on leur parle de l'élite sociale. Il fallait donc mettre en scène bonne société, bonne compagnie se livrant à des jeux, à des assauts de bel esprit, bonne chère aussi:

Toi qui présides aux repas,
O muse ! sois-nous favorable.
Décris avec nous tous les plats
Qui parurent sur cette table. (Chapelle et Bachaumont)

---

22 Voir Bernard Pingaud et Robert Mantéro, *Les infortunes de la raison, 1774-1815*, Paris, Hatier, 1992, et *Poètes audois*, p. 20-21.

23 Voir le *Recueil amusant de voyages en vers et en prose*, compilé par Couret de Villeneuve, 9 vol. entre 1783 et 1787. Dans celui de La Mésangère, en 1798, figurera une version massacrée de *La Quête du Blé*. Voir aussi Michel Bastiaensen, 'Le journal de voyage (1760-1820)', dans *Neohelicon*, 1991, p. 73-108.

24 Edouard Guitton l'a rappelé à juste titre lors du colloque de Carcassonne. Voir Colloque 94, p. 83.

Il faut insister sur la présence des belles dames:

Agen, cette ville fameuse,
De tant de belles le séjour,
Si fatale et si dangereuse
Aux coeurs sensibles à l'amour.
(Chapelle et Bachaumont)

Le ciel, de plus, mit un essaim de belles
Dedans ces murs qu'on ne peut trop vanter...
(Le Franc de Pompignan)

Les plus jolies filles du canton... (Bertin)

Le peuple? Il fournit de joyeux cortèges de vendangeurs. Mais surtout des bergers, indispensables au XVIIIe siècle, chaque poète reprochant à ses confrères le manque d'authenticité de leurs bergeries. Ainsi, par exemple, Fabre d'Eglantine, lui-même auteur fameux de *Il pleut, il pleut, bergère*, critiquant la mode 'des troupeaux de carton et des pâtres frisés'; André Chénier, frappé par ce qu'il découvrit en Suisse, prétendant 'faire entendre à la Seine enfin de vrais bergers'; Venance Dougados, témoin au cours de sa quête de spectacles plus naturels 'que ceux que nous trouvons dans nos églogues et dans nos opéras'[25]. De la bergerie à la mythologie, il n'y a qu'un pas. En Languedoc et en Provence, la route de Le Franc de Pompignan croise celle de héros et de génies des eaux; nymphes et tritons conversent avec Bertin en Bourgogne; Venance adressera une invocation au dieu de l'Agout.

Le *Voyage* doit enjoliver ce qui est agréable et décrire les difficultés comme de terribles catastrophes. C'est le cas de l'orage qui bloque Chapelle et Bachaumont à Narbonne, de la 'pluie désespérée' de la route de Beaune pour Piron. Il faut exagérer, aussi, les travers des personnes rencontrées. La scène des précieuses ridicules de Montpellier, de Chapelle et Bachaumont, inspirera Venance à La Salvetat.

Au-delà des lieux communs, qu'elle développe par convention, *La Quête du Blé* suit un itinéraire, décrit des paysages réels et fait revivre une société. Ajoutons, non pour la détacher de ses modèles, mais pour

25 Voir *Poètes audois*, p. 20.

souligner son originalité, qu'il n'y avait, avant l'oeuvre de Venance, aucun *Voyage* de quêteur.

Avertissements sur le texte de *La Quête*, qui suit:

1. On trouvera dans la partie 'Notes' une présentation des caractéristiques de chaque version connue du texte de Venance, et les raisons de mon choix.

2. Selon les versions, et même à l'intérieur de chacune, l'orthographe hésite entre les formes 'avoit' et 'avait', 'enfans' et 'enfants'. Le seul parti raisonnable était d'adopter l'orthographe normalisée actuelle, dont les manuscrits s'écartent d'ailleurs très peu, en dehors de quelques aberrations dues à des copistes inattentifs, et qu'il n'était pas question de reproduire. Venance a souvent transcrit les noms de lieux de façon phonétique. Je les ai donnés selon leur forme actuelle, pour permettre de suivre l'itinéraire sur une carte ou sur le terrain.

3. Dans le texte qui suit, seules les notes de Venance figurent en bas de page. Mes notes explicatives, ainsi que les variantes les plus intéressantes, sont données à partir de la page 57.

Venance Dougados

LA QUÊTE DU BLÉ

La Quête du Blé

ou Voyage d'un capucin dans les différentes parties des diocèses de Vabres, Castres et Saint-Pons, en prose et en vers, par le père Venance, capucin, natif de Carcassonne, à Madame la Vicomtesse de Pins

Dans l'âge heureux que la nature
Nous dispense pour le plaisir,
Où j'avais vu des champs la riante parure
Renaître quinze fois des baisers du zéphir,
Sur le luth du galant Ovide
J'osai cadencer quelques airs.
Je ne voyais qu'Adélaïde,
Et seule elle inspira mes vers.
Suivant l'instinct de la nature,
Sans soin, sans apprêt et sans art,
Bravant la rime et la mesure,
Sans hémistiche, sans césure,
Je bégayais à l'aventure
Quelques vers enfants du hasard.**

Déjà trois fois les paniers de Glycère
Se sont garnis des roses du printemps,
Déjà trois fois l'astre qui nous éclaire
A lancé sur notre hémisphère
Ses feux vivifiants,
Depuis le jour qu'Adélaïde,
Avec ses doigts supputant les saisons,
– Le temps fuit d'une aile rapide,
Me dit-elle, et déjà tu comptes vingt moissons.*

Le temps n'est plus où ma muse légère
Sur le plaisir dictait quelques leçons.

---

* Un astérisque renvoie aux 'Notes' — 'Variantes et explications', à partir de la page 57.

Plus vieux en vain le naïf Saint-Aulaire
Sut moduler quelques chansons.
Il puisait cette douce ivresse
Sur les genoux de la beauté,
Et sur l'autel de la mollesse
Il encensait la volupté.*

Egaré dans le noir dédale
Et des dogmes et des erreurs,
Pourrai-je encor cueillir des fleurs?
Parer d'une main libérale
Le sanctuaire des neuf Soeurs?
Et sur ma tête monacale
En assortir l'émail et les couleurs?*

Du plaisir autrefois naquit la poésie,
Son premier cri fut un hymne au bonheur.
Jamais un froid docteur
N'eût soupiré les vers de l'amant de Lesbie.
De *L'Art d'aimer*, le héros et l'auteur
Puisa les siens dans les yeux de Julie.*

Vous le voulez, en ce moment j'oublie
Les Molina, les Augustin,
Les préjugés dont la terre est remplie,
Pour ne recevoir de vos mains
Que les crayons de la folie.
Jeune de Pins, vous serez obéie.
Comme quêteur et romancier,
Je dépeindrai la bonhomie,
La burlesque chevalerie
D'un pauvre héros besacier,
De Monségou la retraite chérie,
L'amour, la gaieté, le plaisir,
L'hymen qui sourit au désir
Et les charmes de Natalie[1].*

---

1 Fille de Madame la vicomtesse de Pins, alors âgée de six mois.

Déjà l'astre pompeux qui dispense les ans
Ne dardait qu'à regret ses feux étincelants,
Les Nymphes de l'Agout[2] dans leurs grottes profondes
Sentaient déjà glacer le cristal de leurs ondes,*
Et le cultivateur, par de sages efforts,
Avait forcé la terre à livrer ses trésors.

C'est-à-dire on avait dépiqué. C'est dans cette saison que nous allons faire part aux fidèles de nos besoins et de nos chapelets. Par une spéculation des plus savantes, nous avons renoncé à notre bien pour vivre aux dépens de celui des autres.*

Chaque individu séraphique,
Docile au voeu que nous faisons,
S'en va, perché sur sa bourrique,
Quêter du blé et des affronts.*

Je fus destiné à grappiller* dans le quartier qu'on nomme La Salvetat, armé de toutes pièces, c'est-à-dire de sacs, de graines et d'images. Je partis d'Orient[3]* sur la fin du mois de septembre, accompagné d'un homme et d'un âne. Je montai sur l'un d'eux, le fouet claque... Je suis parti.

Je traversai hardiment le hameau de La Verdolle, je laissai Brousses à ma gauche, et j'arrivai au château du Py que j'avais quitté la veille.

Je revois le sage connu
Dont la plume ferme et savante
Arrache à l'auteur corrompu
Son masque et sa morgue imposante.
De Farenc ! Que ce nom m'enchante!
Il me rappelle la vertu.

---

2 Rivière qui arrose le pays que j'allais parcourir.

3 Il est peu de sites aussi gracieux que celui du couvent des Capucins d'Orient en Rouergue. Une allée des plus belles, bordée de tilleuls et de noyers, offre la plus agréable promenade. Elle domine sur plusieurs prairies traversées par le Rance dont les eaux viennent, pour ainsi dire, caresser les murs du couvent. On trouve dans le voisinage La Prade, Ségésy, Saint-Maurice, La Verdolle. Les habitants de ces hameaux sont pleins d'honnêteté et de franchise. Au côté opposé, on trouve Pousthomy. L'humeur hautaine de ses habitants leur a fait donner le nom d'Anglais par les gens du pays. Un peu plus loin, on voit Carmassol et Saint-Sernin, lieu le moins favorisé de la nature qu'on connaisse. Plus loin, on voit Saint-Christophe, dont le prieur me fit le même accueil que M. le curé de Fraisse, au grand regret de l'âne et du Bertrand.

M. de Farenc est un de ces hommes qui, à la douceur et la politesse, joignent une piété exemplaire, un goût sain et une vaste érudition.

Dans la poussière des écoles
Il laisse ces fous dangereux
Dont les opinions frivoles
A tout venant ouvrent les cieux.
Il lève le voile qui couvre
L'autel, le temple et la divinité
Et son oeil étonné découvre
Les prestiges honteux de la cupidité.
Il hait pourtant les transports fanatiques
Des querelles tragi-comiques
De Port-Royal, du Vatican.
Mais, l'encensoir en main, il baise les reliques
De Quesnel, Wendrock, Saint-Cyran.*

Je ne puis, Madame, vous faire une peinture fidèle des plaisirs dont nous jouîmes dans le château, compagnie nombreuse et bien choisie, chère délicate, vins mousseux, bons mots, saillies. Histoire, chiffons, philosophie, tout fut de notre compétence, nous prîmes chacun à notre tour le bonnet de docteur.

Loin des travers de la satire
Et des savants fastidieux,
Ce qui prêtait le plus à rire
Etait ce qu'on disait le mieux.
Et si quelque buveur insigne
En deux coups vidait son flacon,
Couronné de feuilles de vigne
Il était *doctor doctorum.*

Mais je vous dois une notice des aimables convives que je retrouvai au Py. Je vous ai dépeint M. de Farenc, seigneur du château. Sa bibliothèque riche et bien choisie servait d'intermède à nos amusements et à nos repas. Madame de Farenc, épouse estimable, mère tendre, hôtesse prévenante, aux agréments de son sexe joint toutes les vertus du nôtre. M. l'abbé de Clapiers, autrefois de la compagnie de Jésus, est un théologien sans morgue et un bon littérateur. Il nous fit voir toutes les qualités qu'on admirait dans les membres de cette société fameuse, et aucun de leurs défauts.

M. de Saint-Maurice est un de ces aimables paresseux qu'on aime avant de s'en douter. Son sang-froid est original et plaisant tout à la fois. Il dit à une dame: 'Je suis votre amant ; vous m'adorez ; tout le monde en est jaloux', comme il dirait: 'Votre pouf se dérange, vous raffolez de votre épagneul'. M. de Caplongue, ancien capitaine de cavalerie, contribuait aussi aux plaisirs de la fête. C'est un homme d'un savoir étonnant, jurisprudence, musique, poésie[4], histoire. Mais qui ne connaît en lui que le savant ne le connaît qu'à moitié; fin railleur, plaisant, ingénieux, convive aimable, il est l'honneur et l'agrément d'un festin.

M. de Boissière, à ses quatre-vingts ans, joint le souvenir de ses campagnes de Hanovre. A l'entendre, il a livré tous les combats, gagné toutes les batailles. Lui disputez-vous quelque partie de sa gloire, ses genoux, son menton, l'oeil qui lui reste, le bras que la goutte lui laisse libre, s'agitent, se baissent, se lèvent, s'agitent encore. Sa chaise a vingt fois changé de place. Il se dresse enfin, fait une grimace et croit avoir répondu.

Mlle Amélie de Boissière et Mme de Murel nous charmaient par mille jeux et mille espiègleries.*

Je les vis passer tour à tour
De la raison à la finesse
Et de la finesse à l'amour
Et de l'amour à la sagesse*

La lecture, le jeu des dames, le tric-trac nous occupèrent toute l'après-dînée. Dans la soirée, on parla métaphysique, mathématique, astronomie. Aux noms de Ticho-Brahé, Copernic, Newton, Locke, je voyais Bertrand, mon pauvre guide, frissonner et faire de fervents signes de croix. Entendant parler de la foudre, de sa nature et de ses effets, il s'approcha de moi et me dit à l'oreille que M. le curé avait trouvé dans Agrippa le secret de la pantoufle pour chasser l'orage, qu'il avait un remède souverain pour le scorbut des brebis, boeufs et autres volatiles, et que, surtout pour la bénédiction des chenilles, il était... Sans le laisser

4 M. de Caplongue se propose de donner au public un recueil d'hymnes latines qu'on admire même auprès de celles de Santeuil.

finir cet éloge intéressant, je le félicitai sur l'érudition de son curé et je lui demandai quel intérêt il pouvait prendre à une conversation si fort au dessus de sa sphère.*

– "C'est pour faire l'apprentissage
"De grand connaisseur de cadran,
"Et rétorquer en disputant
"Le magister de not' village
"Qui sait l'almanach de Milan."

Le lendemain, je pris congé de mes hôtes. Les yeux de Bertrand s'humectèrent, je pleurai, mes amis pleurèrent aussi, tout jusqu'à mon pauvre ânon querella le ciel de mon départ.

Tels on vit les coursiers rêveurs
Du courageux fils de Pélée,
Aux yeux de la Grèce assemblée
S'attendrir et verser des pleurs.

Mais je devais partir, l'oracle avait parlé. Je monte donc sur mon palefroi, si l'on doit décorer de ce nom un gâteux diminutif du célèbre Rossinante.

Trois fois je saluai cette maison chérie...
A peine nous sortions du fond de l'écurie,
J'étais sur ma monture. Un silence obstiné
Peignait le désespoir sur mon front consterné.
Je suivais tout pensif les traces de mon guide,
Mes mains sur mon ânon laissaient flotter la bride.
Et ce superbe ânon que j'avais vu jadis
A l'aspect de Bertrand frapper l'air de ses cris,
L'oeil morne maintenant et l'oreille baissée,
Semblait se conformer à ma triste pensée.
Un effroyable cri... Mais irai-je à vos yeux,
Aimable et jeune vicomtesse,
En gazetier minutieux,
Détailler d'un ton langoureux
Jusqu'aux soupirs de mon ânesse?*

Ne croyez pas non plus que j'aille vous assommer du détail de quelques mesquines aventures. Je ne suivrai ni l'ordre géographique des hameaux, ni le tarif de ma recette. Successivement je fis contribuer Le Cellier, Le Pujol, et je me rendis chez M. le curé de Saint-Crépin qui me donna galamment à dîner.

Indolent ou feignant de l'être,
Avec lenteur pesant les mots,
Il se moquait de moi peut-être.
Faible disciple d'un tel maître,
Avec lui je riais des sots
Qu'il avait l'art de bien connaître.

Je pris congé de ce curé estimable, et je m'acheminai vers Roquecezière.

Je vois déjà la tête énorme
De quelque géant monstrueux
Qui, foudroyé du haut des cieux,
Fut changé, dit-on, en la forme
De ce rocher audacieux
Qui semble encor braver les dieux.

Le roc de Roquecezière est un de ces géants qui voulurent escalader le ciel, et que Jupiter foudroya. Quoiqu'il ne lui reste plus aucun vestige de son ancienne figure, on voit aisément à sa fière contenance que ce ne peut être qu'un géant pétrifié.

Jadis le vainqueur de Pharsale,
Si l'on en croit les Rouergats,
Sur la cime pyramidale
Essaya de faire un repas.
Il mangea des fruits, du laitage,
Quelques grives du Camarès[5],
Et galamment but à longs traits
A la santé du voisinage.*

5 Canton du Rouergue renommé pour les grives.

Du haut de la montagne, je promenai longtemps mes regards sur l'ensemble le plus délicieux pour un poète. Dans l'enfoncement, je voyais la charmante solitude que je venais de quitter, plus près de moi les collines replier leur chaîne, former un vallon ténébreux, et réaliser les rêves du doux Gessner. Mais que la poésie est faible auprès de la nature! La diversité admirable, le désordre pittoresque des prairies, des ruisseaux et des bois, l'aspect imposant des montagnes, un vaste silence... tout jetait dans mon âme je ne sais quel sentiment religieux que les mots ne sauraient rendre. J'étais plongé dans la plus douce des rêveries. J'en fus tiré par les cris impatients de Bertrand et je suivis ma route.

Je jetai un coup d'oeil rapide sur les jolies maisons de M. Sers et je fis contribuer La Prade, Peyronnenc, Le Buguet et La Fajole. Une pluie des plus abondantes m'y arrêta quelque temps, et j'arrivai à Boutouroul harassé, dégoûtant et affamé.* J'avais besoin de nourriture, et ma faiblesse ne me permettait point d'en prendre. Mais, comme dit un poète italien, l'appétit fut plus fort que la douleur, et je me rassasiai d'un oeuf couvé qu'on me servit accompagné d'un peu de pain noir et d'eau délicieuse.

Le lendemain, je tirai vers Lacaune. Chemin faisant, j'exerçai au mieux mon savoir-faire sur Blavi, Crouzet, Escroux, Le Sahuc, Barthès et plusieurs autres hameaux, théâtre de mon triomphe et qui reconnurent ce que peut le zèle joint au travail.

Toinon, qui ne trouve en ménage
Que des dégoûts et de l'aigreur,
Voudrait un nourrisson pour charmer sa douleur.
– "Priez, dit-elle avec ardeur,
"Pour qu'un enfant bientôt me dédommage
"Des travers de mon suborneur."
Isabeau qui voudrait tâter du mariage
Se recommande au bon frère quêteur.
– "Mon père, hélas ! fait mon malheur.
"Un jeune époux serait-il à mon âge
"Un liniment inutile à mon coeur?"
Elle finit... mais sa rougeur
En disait cent fois davantage.*

Il n'était pas encore le milieu du jour que mon ventre sonna midi. Respectueux serviteur de ce dernier, je me hâtai de descendre à Lacaune.

M. de Patau me reçut avec cet air affable et honnête qui le caractérise. Il donnait à dîner et j'arrivai justement à la fin du repas. Après quelques compliments d'usage, je pris ma place. On me servit avec profusion, et dans l'instant je me vis assailli par une pluie de quolibets, les uns froids, les autres ingénieux, tous hors de place. *Ventre affamé n'a point d'oreilles*, a dit le bon La Fontaine. Les convives rassasiés eurent beau vouloir s'amuser à mes dépens, retranché derrière un amas de viandes accumulées, je me tins sur la défensive.

Dans la soirée, nous parûmes chez M. de Moncalm sous les auspices de M. de Patau. Un si charmant introducteur nous valut l'accueil le plus honnête.

Une nymphe soudain vient frapper notre vue.
Son air décent, son souris gracieux,
Le vif émail de sa bouche ingénue,
Rappellent à mon âme émue
Ou la blonde Cypris ou la reine des Dieux.
Je baissai mes regards profanes,
Je craignais le sort d'Actéon...
Ah ! ce n'était ni Cypris ni Junon,
Mais c'était mieux... C'était Cabannes.

Madame de Cabannes parut en effet. Sa beauté a de l'âme et de l'expression, le son de sa voix de l'aisance et du sentiment.

Chargé des recommandations de M. de Patau auprès de M. le chevalier de Planques à La Salvetat, je parcourus Sarrazou, Escande, Caumézelles, Bonneval, Pré du Roi.

Muni du dernier sacrement,
Pierrot gisait sans sentiment.
Ah! que de pleurs versait sa femme!
"Priez, dit-elle tendrement,
"Pour que Dieu veuille avoir son âme
"Et bientôt finir son tourment."
En habit noir, la modeste Angélique
Pleurait la mort de son mari Lucas.
Pleurait? Je faux. Si j'en crois la chronique,
Un bon voisin la consolait tout bas.

Que la raison, le temps, ont sur nous de puissance!
Mes bons amis, pouvait-elle toujours
Pour le défunt se piquer de constance?
Il était mort, hélas... depuis huit jours.

Comme si l'imagination de Bertrand eût été frappée de quelque souvenir cuisant, je le voyais joindre les poings, serrer les dents, battre des pieds et décorer ces bonnes femmes de ces épithètes caressantes que gentil Ver-Vert donna jadis à la soeur Saint-Augustin.*

Tout en suivant notre voyage,
Je lui dis avec amitié:
– "Je ne sais, mon cher, mais je gage
"Que vous êtes mal marié."
– "Que m'importe à moi qu'on le croie!
"J'ai mon tourment, chacun le sien.
"A son gré, le ciel nous envoie
"Ou des chagrins ou de la joie.
"Souvent, on se pend, on se noie,
"Mais sans femme on ne souffre rien."
– "Je vous plains de toute mon âme.
"L'époux doit toujours être amant.
"Sans doute, avant le sacrement,
"Mon cher, vous aimiez votre femme?"
– "Si je l'aimais!... Fallait la voir...
"En bavolet, plate chaussure,
"Mettant parfois son fichu noir,
"C'était un astre, je vous jure,
"Depuis le matin jusqu'au soir,
"Courant, trottant à l'aventure.
"Toute la nuit, l'oreille au guet,
"Je n'entendais point, je vous jure,
"De chien, de cochon, de monture,
"Que je ne prisse pour Babet.
"Marié, ce fut autre chose.
"Je suis mutin, mais je suis bon.
"A mes plaisirs si l'on s'oppose
"Je deviens plus juif qu'un démon.

"Lorsque de vin j'ai pris ma dose,
"Moi, je prétends avoir raison.
"Elle prétendait autre chose,
"Disait oui si je disais non.
"C'était un sabbat, et pour cause
"Je la chassai de la maison."
– "Tant pis, un peu de patience
"L'aurait rangée à son devoir.
"Qui ne sait que la complaisance
"Sur une femme a tout pouvoir?"
– "M'est avis qu'auriez fait de même.
"Après trois jours de sacrement,
"Jarnigoi! j'étais aussi blême
"Qu'un pauvre Gascon sans argent.
"Pour arracher de ma mémoire
"Et Babet et mon chien d'amour,
"Avec Charlot, Pierre et Grégoire,
"Je m'en fus boire tout le jour.
"Tous gens d'honneur et d'importance:
"Pour Charlot, il prime au lutrin;
"Le dernier vend d'excellent vin;
"L'autre est consul, et l'on avance
"Que par coeur il lit du latin.
"Voilà-t-il pas que mon grand diable
"Entre en poussant de longs sanglots
"Et bouleverse sous la table
"Le vin, les verres et les pots?
"Je fus choqué de l'impudence,
"Les Bertrand n'ont jamais rougi...
"Mais sans respect pour l'assistance,
"Elle m'apostropha, jerni!
"Un soufflet même en ma présence."*

Il allait poursuivre, et à sa grimace je me promettais quelque chose d'intéressant, mais dans ce moment même nous entrâmes dans La Salvetat, et la cohue fit diversion à nos idées. M. de Planques m'accueillit avec la franche gaieté d'un bon militaire. Dans l'accolade, je trouvai en lui la loyauté et la courtoisie de nos anciens preux. Mais une affaire l'appelle ailleurs, et un jeune homme, son parent sans doute, se présente à moi. J'aventure quelque avant-propos qui reste sans réponse. J'élève la voix, m'imaginant qu'étourdi par le bruit il ne pourra se dissimuler de m'avoir vu. Idée chimérique. La tête dans les deux mains, les genoux l'un sur l'autre, il siffla quelque petit air. Réjoui plutôt que scandalisé du comique de l'aventure, je promenai mes yeux sur les tapisseries du salon. Les faits les plus piquants de la mythologie y étaient représentés, et je ne connaîtrais pas d'ouvrage plus parfait en ce genre si les attitudes avaient un peu plus d'aisance, de variété, et les figures plus d'énergie... O surprise! il se lève, lui, mon muet, il vient droit à moi, il va parler sans doute. Je me lève aussi, je vais à sa rencontre. Il s'arrête, tourne sur un pied, bat quelques entrechats à deux, à quatre, il rase le parquet, pirouette et va reprendre sa place. Je repris la mienne aussi, un peu confus de ma méprise. Silence des plus opiniâtres. Dans l'antiquité, on eût pris ce salon pour l'antre de Trophonius. Je riais cependant en moi-même de l'injustice des hommes qui ne jugent qu'au poids de l'or qui couvre les habits; le mien est sans faste, simple, grossier, mais respectable aux yeux du sage.

Je crains que l'affreux négromant
Dont Sedaine autrefois éprouva la magie[6]
N'ait caché dans mes plis quelque noir talisman
Qui me nuise et me déprécie.
Ne croyez pas pourtant qu'une plate saillie,
Des traits usés, de froids bons mots
Alarment ma philosophie.
Je dis en écoutant le brouhaha des sots :
Ah, mon habit ! que je vous remercie!*

Tout à coup, ô bonheur! la porte s'ouvre, on annonce, mon muet vole et mène avec lui deux demoiselles, un abbé et un officier. Deux demoiselles! Un abbé! Oh! à coup sûr l'on parlera! On prit place. Pour moi, j'y perdis la mienne. La conversation roula sur un projet d'amusement. On voulait donner quelque pièce de théâtre, mais le choix n'était pas fait encore. Quelle volubilité de langue dans mon muet! Comme il était galant! Quelle facilité dans les mots! Il parlait, j'en conviens, un petit instant avant d'avoir pensé. Son langage obscur et

---

6 Voyez *L'Epître à mon habit.*

incorrect n'allait que par bonds, mais ce n'en était pas moins un homme adorable, essentiel, l'Adonis du jour. Selon le savant comité, Racine était trop gigantesque; Corneille trop langoureux, il donnait des vapeurs; Crébillon, trop flasque; Voltaire avait bien quelque chose, *Olympie*, *La femme qui a raison*, mais sa *Zaïre* et sa *Mérope* n'étaient plus de mode. La magie, l'élégance, le *molle* du style de M. Lemierre les avaient décidés pour *Hypermnestre*, mais on n'y trouva point de couleur tragique. Après quelques savantes dissertations de part et d'autre, le choix tomba unanimement sur *Les Battus paient l'amende*. On admirait dans cette pièce le choix du sujet, l'intérêt des incidents, la nuance des caractères.*

Aux pourparlers de ces froids discoureurs,
Jeune de Pins, j'étais sans contenance,
J'écoutais pourtant en silence
Du théâtre français ces grands législateurs.
Tout annonçait en eux du goût et du génie.
J'entendais opposer *Athalie* à *Charlot*[7],
Ils changeaient en poignard le béguin de Thalie
Et méritaient de bien rire à Janot[8].*

A la pointe du jour, le lendemain, je pris ma route d'assez mauvaise humeur. Je quêtai dans Condax, Vernets, Les Vidals et Moulières. Le produit fut très modique malgré mes courses et mes soins. J'arrivai au Gua-des-Brasses d'assez bonne heure. Je voulais aller plus loin, mais le bourgeois me fit un accueil si doux, il me pria si honnêtement d'y passer la soirée que je ne pus résister à ses affectueuses sollicitations. Les travaux rustiques avaient rassemblé une foule de travailleurs. Leur joie naïve, leur simplicité touchante, leur activité offraient un spectacle bien plus attrayant que ceux que nous trouvons dans nos églogues et nos opéras[9].

Ce ne sont point ces bergers indiscrets
Que jadis célébra Virgile,
Ce Tityre bruyant qui redit aux forêts

---

7 Mauvaise comédie de Voltaire.

8 Principal personnage de la comédie qui a pour titre *Les Battus paient l'amende*, la pièce peut-être du plus mauvais goût qui ait été jouée sur aucun théâtre.

9 Je n'ignore pas que le dictionnaire de l'Académie française condamne l's au pluriel de ce nom. Je n'ai pourtant pas craint de l'y mettre après MM. J. B. Rousseau, Desmahis, Sedaine, et surtout M. d'Alembert. Voyez ses *Mélanges*.

Le nom chéri de la jeune Amarille,
Ni Galatée étalant ses appâts,
Qui m'agace, se montre et fuit d'un pas agile
Pour m'inviter à voler sur ses pas.
Ce n'est que Margot et Colas,
A l'air timide, aux cheveux plats,
Qui, loin de courir au bocage
Mêler leur voix à celle du zéphir,
Trouvent au sein de leur ménage
La paix, l'aisance et le plaisir.

La journée finie, toutes ces bonnes gens s'assemblèrent et voulurent se délasser de leurs pénibles travaux par quelque innocent amusement. Chaque berger a fait son choix. Ils se groupent. On se tait.

Déjà les sons criards d'une voix enrouée
Donnent aux pastoureaux le signal du plaisir.
On les voit s'éloigner, s'approcher, se saisir.
Catau, par son berger vivement secouée,
Voit de ses blonds cheveux la tresse dénouée
Voltiger au gré du zéphir.
Un ris moqueur soudain s'élève dans la danse,
Ses pieds distraits manquent à la cadence.
Catau ne voit que son malheur,
Son front dans l'instant se colore
Et dans les bras du berger qu'elle adore
Elle va cacher sa rougeur.
Par leurs bonds inégaux, sans art et sans mesure,
Quelques vieillards encor expriment le désir,
Leurs pas, images du plaisir,
Le sont aussi de la nature.

Ce n'est pas tout: à l'amusement doit succéder quelque chose de plus solide. De puissants monarques ont fait des repas délicieux avec de l'eau bourbeuse et du pain noir. Mon cher devancier, le grand don Quichotte, et son immortel écuyer, le gourmand Sancho, n'ont eu mille fois que des noisettes et des coups de bâton. Bien éloigné de l'héroïsme de mes modèles, je me repus d'une chère médiocre à la vérité, mais assaisonnée de gaieté et de bon appétit.

Dans le réduit obscur d'une étable enfoncé,
S'élève un tas de foin fraîchement amassé,
Quatre rideaux pompeux de toiles d'araignée
A la clarté du jour en défendaient l'entrée.*

Ce fut mon lit. J'eus beau m'armer de la philosophie la plus dédaigneuse, rappeler le traité de Sénèque sur le mépris des richesses, plaindre et insulter cet indolent Sybarite dont le pli d'une robe interrompit le sommeil, je maudissais la philosophie, ses mensonges et ses rêves.

Un tas de chiens d'auteurs dans leur folle manie
Ont dit que le bonheur n'est que dans le besoin,
Mais je voudrais savoir si leur philosophie
Eût si bien péroré dans une grange à foin.
D'autres, auprès du feu se disant sous un hêtre,
Célèbrent le bonheur des brebis, des agneaux.
Imbéciles phrasiers! qu'avec tous leurs héros
De grand coeur j'eusse envoyé paître.*

Je n'étais pas loin de Monségou. Monségou! c'était pour moi un temple qui renfermait une divinité chérie. Ce sentiment que je dois à la nature, à l'éducation et à vos bienfaits, l'amitié m'appelait auprès de vous. Je ne vous avais pas vue depuis le jour que ma voix fit entendre ces mots redoutables qui m'associent aux travaux d'un corps florissant.

Que ce long intervalle pesait à mon coeur! Qu'il me tardait d'épier dans vos yeux le sourire du plaisir et de la vertu. Je vole à Monségou. Il semblait que le soleil voulait nous donner un nouveau printemps. La campagne vivifiée, l'odeur des fleurs, le chant des oiseaux, les rayons du soleil qui se jouaient dans les buissons, tout me rappelait les beaux jours du mois de mai.*

Mille petits oiseaux en vain par leur ramage
Exprimaient leur ardeur,
En vain l'azur des cieux perçant dans le feuillage

Nuançait les objets des plus vives couleurs,
Des baisers de Titon en vain l'aube enflammée
Baignait la terre de ses pleurs,
L'amante de Zéphir en vain semait les fleurs,
A ces charmes divers mon âme était fermée.

Je ne voyais que Monségou. Mon âme absorbée par cette douce jouissance se refusait aux sensations les plus flatteuses. J'arrive, j'entre... Quel coup d'oeil attendrissant!

Sur vos genoux l'aimable Natalie
De votre lait savourait la douceur
Et déjà sa bouche embellie
Souriait à votre bonheur.

Qu'une délicatesse barbare refuse un lait précieux au fruit non de l'amour mais d'une volupté effrénée, qu'un sein mercenaire donne à ces enfants malheureux son lait et ses vices, pour vous, ô estimable amie, gardez-vous de renoncer à un trait que vous tenez de Dieu et de la nature. Aimez Natalie, que votre oeil surprenne son premier souris; que votre bouche reçoive son premier baiser; que votre oreille frappée la première ait cru entendre le doux nom de mère dans ses cris mal formés; que sa bouche, en suçant votre lait, porte à votre coeur les plus douces impressions de la tendresse. Veillez sur ce précieux rejeton de deux augustes familles, et avec la vie Natalie vous devra la vertu.*

Tel nous voyons l'osier docile,
Au gré d'un villageois habile,
Se courber en panier.
Semblable encor on voit l'argile
Se façonner molle et facile
Dans la main du potier.

Comme elle dormait bien, votre Natalie! Que son souffle était doux! Que sa bouche était fraîche! Son petit coeur palpitait. Vos yeux volaient avec rapidité de votre fille à votre époux. Que votre embarras était intéressant! Ivre de votre ivresse, votre jeune époux partageait vos transports, il était heureux du bonheur qu'il vous donnait lui-même.*

Suivez l'attrait d'une flamme si belle,
L'amour pour vous n'est plus qu'une vertu.
A vos appâts votre époux s'est rendu
Mais c'est à votre coeur qu'il restera fidèle.

Mais je n'ai point encore parlé de ces doux épanchements de l'amitié, de cette joie délicieuse dont les accès tranquilles ajoutent aux sensations d'une âme qui se plait dans la jouissance. Je retrouvai toute mon amie. C'était elle, c'était son coeur. Nous nous appesantîmes sur le souvenir de cet âge innocent où nos plaisirs et nos amusements étaient les mêmes. Age heureux de mon enfance, que vous me rappelez des souvenirs précieux. Vos traits, chère amie, furent les premiers que mon pinceau a su fixer sur une toile muette, votre nom fut le premier que je fis redire aux échos étonnés de m'entendre. Le grand homme à qui vous devez le jour, l'immortel d'Alzau souriait à mes essais...* Mais quel nom viens-je de prononcer? La mort... Ah! Que son nom soit toujours dans la bouche des infortunés qu'il arracha aux horreurs de l'indigence et de l'ignominie; qu'il soit dans celle des malheureux qui, traînant loin de nos drapeaux des jours qu'ils devaient à la patrie, étaient condamnés à une mort cruelle. Mille fois j'ai vu ses pieds trempés de leurs larmes. Mille fois j'ai entendu les bénédictions des mères à qui il rendait leurs enfants. Qu'il soit dans la bouche des savants dont il fut l'ami et le vainqueur. L'admiration n'a-t-elle pas aussi ses larmes? Que ce nom auguste soit toujours dans ma bouche! Il forma ma jeunesse, il m'inspira la vertu. O vous, sa fille chérie, venez, jetons des fleurs sur son tombeau et mêlons les pleurs de la reconnaissance à ceux de la nature.

Nos idées se perdaient dans le récit de ses vertus civiques, poétiques et guerrières, lorsque Mlle Henriette de Pins, s'offrit à nos regards. Vive, alerte et légère, elle était accompagnée de Mima, sa chienne bien aimée. Elle chanta la romance d'Edwin et s'accompagna de la harpe.

Sur son front la vertu respire;
Je croyais voir la jeune Hébé.
Dans l'instant je la vis sourire
Et je la pris pour Aglaé[10].*

10 L'une des trois Grâces.

Elle fut bientôt suivie de Mlle Paule, sa soeur. Celle-ci a un son de voix enchanteur, de la gaieté et de la franchise la plus aimable. Votre bonté ne resta pas oisive. Nous parcourûmes le château; les forges prêtèrent à nos observations, non ces forges affreuses que Vulcain dirige à Lemnos sous la direction de Cypris ou du dieu Mars. Vous m'en expliquâtes le mécanisme et la force. La rivière de l'Agout en est le principal mobile. Nous admirâmes les effets de ses eaux qui, sagement distribuées, servent à dompter le métal le plus dur.*

Les bords silencieux de l'Agout nous prêtèrent leur frais ombrage. L'air était pur et découvrait à nos regards le lointain le plus pittoresque, mais l'oeil égaré aimait à revenir sur ce lieu agreste où l'yeuse et la viorne croissent parmi la lavande et le serpolet. La chute d'une cascade, le chant des oiseaux troublaient seuls le silence du plaisir. Nous jetâmes quelques fleurs dans le sein du fleuve bienfaisant dont le doux bruissement nourrissait notre rêverie.

En naissant timide ruisseau,
Mollement entraîné par une pente douce
Sur un tapis de mousse,
Paisiblement il promène son eau,
Et plus loin son onde chérie
Parmi l'émail des prés semble rouler des pleurs,
Serpente, disparaît, murmure, se replie,
Va, revient, s'élargit et fuit parmi les fleurs.
Aux sons plaintifs qu'exhale son eau pure,
Le tendre rossignol soupire son amour.
Il attendrit les échos d'alentour
Et ses chants enflammés raniment la nature.
Mais bientôt, à travers des sites plus riants,
Traînant son onde paresseuse,
Je le vois arroser des bosquets odorants,
Et leur horreur majestueuse
Se peint dans ses flots transparents
Réfléchissant un ciel pur sans nuage.
Je vois les belles des hameaux,
D'un pas furtif s'échapper du village,
D'un air coquet se mirer dans ses eaux.
Portant au sein du Tarn le tribut de son onde,

Grossi du cours de mille autres ruisseaux,
Je le vois terminer sa course vagabonde.*

Votre amitié ingénieuse inventa mille amusements: les bouts rimés, les madrigaux, les contes, les impromptus, fournirent un aliment à notre gaieté. M. de Belfortès arriva au gré de M. le vicomte, et l'un et l'autre, légers avec grâce, spirituels sans recherche et sans pédanterie, faisaient jaillir les bons mots dans la liberté des repas. La promenade nous offrit ses agréments. Nous respirions une vapeur délicieuse. Mais, le lendemain, ma course devait être longue et pénible. Je pris congé de bonne heure, et vous ne l'accordâtes qu'après avoir reçu ma promesse de venir encore jouir auprès de vous des charmes de la solitude.

Je songeai dans la nuit qu'outré de ta rigueur
En pêche Amour t'avait changée,
Et que, charmé de ta couleur,
Goulûment je t'avais mangée.
Que je payai bien cher le plaisir du sommeil!
Juge, de Pins, de ma surprise
De ne trouver à mon réveil
Que ta rigueur et ma méprise.*

Mon inquiétude et mon insomnie me déterminèrent à partir de grand matin. Arrivé sur une colline, je vis les étoiles se voiler devant la clarté imposante du disque radieux qui allait paraître. Je me tournai douloureusement vers le château que je venais de quitter, je le fixai d'un regard attendri, je sentis couler mes pleurs, et les montagnes répétèrent au loin mes adieux.*

Vallons de Monségou, riante solitude,
Quand pourrai-je jouir de vos ombrages frais,
Et, Gessner à la main, libre d'inquiétude,
Observer la nature et chanter ses bienfaits?
O toi, dieu de l'Agout, divinité chérie,
Dont le cristal limpide embellit ce désert,
Puisse ton onde un jour flatter ma rêverie!
Puissè-je sur tes bords planter un myrte vert
Et graver sur son tronc le nom de mon amie!*

Chemin faisant, j'entrai dans les humbles chaumières des paysans, et mes sollicitations croissaient à raison de la propreté ou de la misère que j'y voyais régner. Mais je perdis ma peine. Je passai à Lanau, Rieumajou, Arifat, Grualgues, Pesseplane et Vaissière. Soit guignon, soit maladresse, soit enfin défaut de charité de la part des villageois, je ne remplis ni mon ventre, ni ma besace.

L'obscurité nous dérobait déjà la vue des objets les moins éloignés. Je pressai les pas tardifs de ma monture, et je tirai vers Fraisse. Nous manquions de gîte et j'envoyai mon âne et Bertrand solliciter un abri chez M. le curé. Ce fut Bertrand qui porta la parole. Il eut beau crier, point de réponse. Je m'avançai et je mis la tête à une ouverture...*

Grand Dieu! l'aspect riant qu'alors le ciel m'offrit
Revient à tout moment réjouir mon esprit.
De morts et de mourants l'office était remplie.
Un tranchelard en main, l'implacable Marie
Immolait en fureur au démon des festins
Et chapons et perdrix et grives et lapins.
Par la fente Bertrand frappa soudain sa vue,
Je me figure encor cette femme éperdue,
D'un rituel poudreux retenant certains mots,
Elle dit en jurant: *ite, nescio vos*.*

Ventre à jeun ne pouvait qu'humer avec volupté la vapeur odoriférante qui s'exhalait de la cuisine. Je heurte. Je heurte encore. O barbarie! on ne répondait pas. Je réitère. Enfin, après un combat fort vif entre la servante et son maître sur la forme de mon renvoi, M. le curé, trapu, ventru, joufflu, en chapeau rond et robe de chambre se présente à moi. Je lui demande l'hospitalité avec toute la modestie nécessaire en pareil cas. Il refuse. J'insiste. Il refuse encore. – 'Vous pouvez être honnête homme, me dit-il, mais à coup sûr vous n'en avez pas la mine.' Je ne répliquai point... Un soupir vint sur mes lèvres et des larmes dans mes yeux. – 'Au surplus, me dit alors la plus insolente des servantes, vous êtes des compères qui ne manquez point d'argent, que l'auberge vous suffise.'*

– "Oh ! pour le coup j'ai le bonheur,
"Ma bonne, d'être sans reproche,
"Car j'ai toujours du roi l'image dans le coeur

"Mais ne l'ai jamais dans la poche."*

– 'Monsieur le curé, lui dis-je avec l'accent de la douleur, mes compagnons sont excédés de faim et de travail, vous, le patron des pauvres, au nom de l'humanité, secourez mon âne et Bertrand. Quoi? Votre coeur...'

"Vous le voyez, Monsieur, mon fidèle Sancho
"(Votre air noble, imposant, et le charme et l'étonne)
"Comme humblement il tire son chapeau,
"Lui qui jamais ne salua personne!
"Toi, compagnon de mes travaux,
"O mon ânon, partage mes alarmes,
"Fais entendre ta voix, et que tes longs sanglots
"Viennent se mêler à mes larmes.
"Ah, Monsieur! si jamais le sort dont nous doutons,
"De gros prieur vous changeait en bourrique
"(Car savons-nous ce que nous deviendrons?)
"Et que, chargé d'un bât, sans abri, sans chardons,
"Et compagnon d'un quêteur séraphique,
"Vous reçussiez d'aussi cuisants affronts,
"Fussiez-vous, des baudets, né l'homme le plus bête,
"Vous me diriez dans un doux tête-à-tête:
– 'J'en jure, foi d'âne d'honneur,
'Si du Fraisse jamais je redeviens prieur,
'Mon cher mentor, je serai plus honnête.'
"Mais rien ne pourra donc fléchir votre courroux?
"Vous voyez mon âne en personne
"Profondément incliné devant vous.
"Avec transport il baise vos genoux,
"Déjà sa force l'abandonne...
"Verrez-vous sans pitié son cruel désespoir?
"Eh quoi! le sang sur vous a si peu de pouvoir?"*

Dieu me pardonne, je crois qu'il allait s'attendrir, mais ses yeux rencontrèrent ceux de Marie, et je fus chassé sans appel. Bertrand jeta sur moi un regard languissant, il jura, et nous cherchâmes ailleurs un hospice.

Nous partîmes de Fraisse bien avant le jour et nous essayâmes notre éloquence dans Villelongue, Naujac, Nages. Arrivé à Rouvières, le vieillard Théron se trouva sur mes pas. Son aspect vénérable piqua ma curiosité. Je lui demandai son âge. Il me fixa, et des larmes coulèrent de ses yeux.

– "Des ans, dit-il, l'irréparable outrage,
"De ma nature affaiblit les ressorts,
"Mais je mourrai sans peine, sans remords,
"La paix du coeur est faite pour le sage.
"Plus de cent fois j'ai vu le doux printemps
"Fleurir les champs qui m'ont vu naître.
"J'oublie auprès de mes enfants
"Que dans peu je cesserai d'être."*

Le soleil avait déjà sonné midi, et nous nous acheminâmes vers Condomines, dont le site heureux nous promettait des ruisseaux, de l'ombre et de l'aisance chez les habitants. L'infortuné Bertrand aurait bien voulu l'éviter. La peur était peinte sur sa figure. L'oeil inquiet, la démarche incertaine, il me précédait de quelques pas.

Déjà nous entendions les poules du village
Appeler à grands cris les coqs du voisinage.
Du maréchal déjà le marteau résonnant
De ses coups inégaux frappait notre tympan.
Des cris effroyables
Percent dans les airs.
Je crois voir les diables
Sortir des enfers.
On frappe, on se mêle.
Les ongles tranchants
D'un héros femelle
Sillonnent les rangs,
Et le sang ruisselle
Sur les combattants.

C'était à Bertrand que l'on en voulait. Sa femme, prévenue de son arrivée, s'associa un bon nombre d'amies, et lui burina la figure, lui rappelant avec énergie la scène qui précéda leur divorce. Je tirai le pauvre Bertrand des mains de l'escadron femelle, hué, berné, égratigné, barbouillé de sang et de poussière, tel qu'Hector parut à Enée lors du siège de Troie. Mais, soit colère ou reste de désespoir, Babet fit mine de s'élancer sur moi. Les ongles dont elle espadonnait et son air résolu me firent faire trois pas en arrière.*

Pour moi qui, grâce au ciel, me pique de courage,
Je ne vis qu'en tremblant ses ongles et sa rage,
Et bonnement, déployant les deux doigts,
Je fis sur elle un grand signe de croix.*

Les yeux rouges, la démarche mal assurée, Bertrand cherchait avec affection à se faire un rempart de la monture, mais Babet nous suivait toujours, les poings sur les flancs, et sa voix effrayante précipitait les pas du trio infortuné.*

Nous prîmes le chemin de Gos, où M. le chevalier de Barre me reçut avec une distinction marquée. Après avoir admiré son magnifique château, je jetai un coup d'oeil sur la bibliothèque que je trouvai embellie, non de ces informes collections de littérature et de philosophie, fruit et aliment de l'impiété, mais de pleins tonneaux de Bourgogne, de Champagne, de Malaga, de Gaillac. Les anciens ont la préférence sur les modernes et j'applaudis aux opinions de M. le chevalier sur ce genre de littérature.

De Gos, je pris encore le chemin de Lacaune. C'était le dernier jour de ma quête et je ne négligeai rien pour couronner l'oeuvre. Je passai à Cantoul, Moulin Mage, Cabannes, Rieuviel et Grenouillères qui, tous à l'envie, remplirent mon sac. Bertrand fit trois sauts de joie...

Chemin faisant, je vis derrière une haie un jeune chevrier parler avec feu à une bergerette qui ne l'écoutait pas sans inquiétude. Ils étaient encore dans l'âge où l'on ne sait pas feindre. L'oeil fixe, retenant mon haleine, allongeant le col, je prêtai une oreille attentive.

– "Ah! tu sais bien,
"Chère Sylvie,
"Disait Julien
"A son amie,
"Que je t'aimai

"Et t'adorai
"Toute la vie.
"N'abuse pas,
"Je t'en supplie,
"De tes appâts.
"Coquetterie
"Pourrait un jour
"Etre suivie
"D'un autre amour.
"Un coeur novice
"Aime à sentir,
"Il fuit le vice,
"Non le plaisir.
"Et si la flamme
"Du dieu des coeurs
"Brûlait ton âme
"De ses ardeurs
"Pour ces pasteurs
"Dont la malice
"Rirait un jour
"Du sacrifice
"De ton amour,
"Ah! pour la ville
"Tu quitterais
"Ce doux asile
"Et ces bosquets.
"Plus de bergère,
"Plus de plaisir,
"Tout seul, que faire?
"Hélas! mourir.
"Le beau Tityre,
"Depuis le jour
"Que sa Thémire,
"Du dieu du jour
"Sentit l'empire,
"Quitté, trahi
"Par cette belle,
"Il cherche, appelle

"Cette infidèle,
"Mais la cruelle
"Se rit de lui.
"Ah ! si la haine
"D'un sort subit
"Rompait la chaîne
"Qui nous unit,
"Si, fier des charmes
"Qui m'ont séduit,
"Ton coeur se rit
"De mes alarmes,
"Puissent un jour
"S'enfuir tes grâces,
"Et sur leurs traces
"Fuir mon amour."*

Il s'agissait d'un éclaircissement, et Sylvie ne répondit que par quelques soupirs. C'eût été conscience d'interrompre ces jeunes villageois; leur timidité, leur embarras décelaient l'âme la plus sensible et la plus vertueuse.

Encore quelques pas et j'entrai à Lacaune. J'embrassai mon aimable hôte, M. de Patau, et nous fîmes notre visite à Madame de Godric. Souriant avec modestie, ses demoiselles recevaient d'elle des leçons sur cet assemblage heureux qui naît de l'art de plaire et de la décence. Mlle Sophie me rappela, chère vicomtesse, votre air noble, votre démarche aisée et imposante. Ornée des charmes de la figure, elle y joint une grande finesse d'esprit et la douceur la plus aimable.*

De sa bouche vermeille, un souris ingénu
Pour toujours a fixé les plaisirs sur ses traces,
Elle donne à l'amour la voix de la vertu,
A la vertu la démarche des Grâces.

Mademoiselle Lilizy était auprès d'elle. Ah! chère amie, quel Hector que cette Lilizy!

A-t-on vu le roseau par la poudre animé
Qui brille, pétille et serpente?

Vit-on jamais du Vésuve enflammé
Jaillir à gros bouillons une lave brûlante?*

Ce n'est point encore Lilizy. Tout cède à sa pétulance, à sa vivacité. Esprit, démon, lutin, épargne-moi, je t'en prie. Mais c'est en vain que je conjure...

Le hasard me procura une entrevue avec M. Milhaud. La haine, la jalousie ont défiguré son portrait, et l'enthousiasme le plus ridicule l'a trop ennobli. On peut lui reprocher de l'aigreur, de la mauvaise foi dans la dispute, beaucoup de pédantisme et d'opiniâtreté dans son sentiment, mais on ne peut lui refuser de l'esprit, de la subtilité et de grandes connaissances. Je ne crains pas de le dire, M. Milhaud aurait été un homme à citer si, à un travail réfléchi, il eût joint de la douceur, des maîtres habiles et des études moins variées. J'ose le lui répéter, Malebranche a démêlé les erreurs de l'imagination, mais quelquefois il a été trompé par la sienne. Pascal s'opposant au relâchement des moeurs ne paraît pas plus grand que Pascal écrivant le traité de la cycloïde. Huyghens, Boerhaave, l'auteur de *La Henriade*, Rousseau et quelques autres ont honoré notre philosophie et leur siècle, mais ils ne sont pas les seuls ni les plus grands.*

Madame de Cambon m'offrit avec bonté de partager les amusements de la soirée. Sa proposition était trop honnête pour ne pas m'y rendre. J'ouvre. Un innombrable essaim éblouit ma faible paupière.

Déjà, déployant les deux doigts,
J'allais m'armer d'un grand signe de croix.
Cette précaution n'était point déplacée,
Tout bon chrétien l'a fait en pareil cas.
Mais je crois que Calvin devina ma pensée
Car il m'arrêta le bras.*

Je ne vis jamais de société plus brillante. Mesdames de Calmels, de Sénilhes, de la Roque, en un mot tout ce que le pays avait de mieux se trouvait chez Mme de Cambon. Que ne puis-je dépeindre tout ce que Lacaune offre d'agréments à un voyageur qui sait penser! On rit, on joue, on dispute. Tout le monde est gai parce qu'il est permis de l'être. L'élite des nymphes de Lacaune s'y trouve rassemblée.

Une jeune dame isolée semblait seule ne prendre aucune part aux plaisirs de la soirée. Un long voile couvrait sa tête et descendait sur son sein. Je lui demandai la cause de son éloignement. Elle se récria sur son âge. La pauvrette! Elle avait trente ans.

– "Console-toi si la jeunesse
"S'enfuit d'un vol précipité.
"Les grâces, la délicatesse
"La folie et l'urbanité
"Se vengeront de la vieillesse.
"Crois-tu que la froide raison
"Doive bannir ton badinage?
"Non, le plaisir est de tout âge
"Et l'amour de toute saison."

J'allais soulever le voile importun... Zeste... La voilà partie... Rien n'égale la vitesse de ma fugitive. Je vole après elle: – "Madame... Je vous tiens... Votre voile va disparaître... Quoi? Madame de Murel! Vous, à Lacaune! Et toujours vos espiègleries... Mais, vous n'avez pas ici Mlle Amélie?" Je parlais encore, et Mlle Amélie parut.

Telle que dans les prés de Gnide ou d'Idalie,
Des roses du matin une tige fleurie
Efface les bouquets de myrte et de lilas,
Telle je vis alors l'engageante Amélie
De ce groupe enchanteur éclipser les appâts.*

Vous souvient-il, chère vicomtesse, de ce couple fripon que j'avais vu au château du Py? Mme de Murel et Mlle Amélie de Boissière s'étaient rendues à Lacaune. Nos jeux passés, ces amusements qu'on se permet à la campagne, fournirent à notre entretien.

J'aurais bien voulu prolonger un séjour qui me promettait tant de plaisir, mais la saison était déjà avancée. Il était temps que je songeasse à revenir dans ma solitude. Je pressai M. de Patau dans mes bras, et je pris le chemin de Roquecezière. Mon voyage se présenta à moi comme dans un tableau. Aventures bonnes ou mauvaises me revinrent dans l'esprit. Je sus me réjouir des unes et plaisanter des autres.

J'avais reçu sans mesure et sans choix
Le pur froment, le millet et l'avoine,
Tels les Césars transportaient autrefois
L'or de Carthage et de la Macédoine,
Soumettaient Rome et lui dictaient des lois.*
Je vis un jour en temps d'orage
Les consuls, le carillonneur
Sonner les cloches du village,
Criant haro sur le quêteur.
J'aurais pu punir leur audace,
Hissant vite mon capuchon,
Ou d'un revers ... de ma besace
J'aurais pu mettre à la raison
Et les chefs et la populace.
Mais, on le sait, je suis trop bon.
Sans demi-tour, sans volte face,
Piquant des deux mon fier grison,
Prudemment je cédai la place.

Arrivé à la hauteur de Saint-Salvi, je découvris le château de Massuguiés situé sur une éminence. Cet aspect réveilla en moi les souvenirs les plus doux. Je m'écriai:

Verger riant, bosquet silencieux,
O Massuguiés, séjour digne des dieux!
Qui me transportera dans le bois solitaire
Où le tendre Bernis, de fleurs et de fougère,
Para le front de la beauté!
Oh, comme avec respect je baiserais les traces
Du prêtre de la volupté
Et du chantre des Grâces!*

J'étais enseveli dans la plus douce des rêveries lorsque je fis rencontre de M. Huc de Puech-Mégé, juge de Laverdolle.

Populaire, civil, affable,
Variant ses goûts et son ton,

Juge éclairé, convive aimable,
Il joint l'esprit à la raison.

Je m'arrêtai quelques instants pour jouir de l'aspect de Pousthomy, petit village dont le site gracieux, les vignes, les arbres fruitiers dont il abonde, rappellent la fabuleuse vallée de Tempé. Entraîné par mon imagination, je m'enfonçai sans dessein dans l'épaisseur d'un bois de châtaigniers.

D'un chapeau galamment parée,
Je vis de loin la déité
Que sans la voir ont célébrée
Le génie et la volupté,
Telle la jeune Cythérée,
Avant qu'on eût vu sa beauté,
Dans la Grèce était adorée.

La réputation des charmes de Mlle Victoire Pasturel a attaché à son char une foule d'adorateurs qui ne l'ont jamais vue. Dans la multitude, on doit distinguer M. Jamme, fils du célèbre avocat. Son poème des fleurs[11], ses chansonnettes en l'honneur de Mlle Victoire nous promettent un successeur au galant chevalier de Boufflers.

Jamais le chantre de Délie
Si tendrement ne s'exprima.
L'heureux amant de Néera
Eût envié sa poésie.*

Nous découvrîmes bientôt le clocher du couvent. Nous saluâmes à plusieurs reprises. Le fouet claque, l'âne brait, Bertrand crie, et j'entre dans la maison comme Scapin, remerciant la providence de tout le mal qui ne m'était pas arrivé.

Ma course est finie, Madame. Vous m'avez vu le jouet du travail, des tracas et de la faim. Les peines d'un voyage difficile, les sarcasmes des sots, le ton empesé et froid de certains hôtes, fournissaient un aliment à

11 Couronné par l'Académie de Montauban, l'an 1786.

ma gaieté. J'ai ri de tout, ne pouvant faire mieux. C'est à vous de juger ce faible essai. L'amitié l'offre à l'amitié, et celle-ci vous fait un sacrifice que l'amour-propre vous eût refusé.

Notes

Les différentes versions de *La Quête du Blé*

Lorsqu'un auteur fait imprimer un de ses textes, on peut considérer qu'il s'agit là d'une version authentifiée, peut-être pas définitive, mais qui le satisfait à un moment donné. Or, il n'y a pas eu d'édition de *La Quête* par son auteur.

1. – Extraits parisiens

Une seule publication, dans le *Journal général de France*, en août 1788, se fit du vivant de l'auteur, mais sans son consentement. 'Je n'ai pas reconnu mon *Voyage* dans l'extrait que vous avez donné', écrivait d'ailleurs Venance à la rédaction, en supposant qu'on ne lui avait mis sous les yeux qu'une mauvaise copie[1]. D'après le *Journal*, la copie lui aurait été remise par 'une personne de condition, de Languedoc, maintenant à Paris'. Pour justifier les coupures et le choix d'extraits, le rédacteur invoquait la trop grande longueur du texte, le fait qu'on y décrivait des lieux et des personnages peu connus. L'examen de cette version fait apparaître d'énormes lacunes, des télescopages de situations et de plats résumés. Cette méthode calamiteuse a été reprise par des compilateurs: dans *Voyages en France, ornés de gravures, avec des notes par La Mésangère* (à Paris, chez Devaux, en 1798); dans *Voyages en France et autres pays, en prose et en vers* (à Paris, chez Briand, 3e édition 1818). Certes, c'est un honneur de figurer dans un groupe formé de Chapelle et Bachaumont, Racine, Bertin, Piron, etc., mais ainsi la falsification et le mauvais coup porté au talent de Venance se perpétuent.

2. – *La Quête* de Labouisse

Dans l'édition des *Oeuvres de Venance* par Labouisse en 1810, *La Quête du Blé*, annoncée en texte intégral, occupe un quart de l'ouvrage. Labouisse nous dit avoir disposé de cinq manuscrits pour établir le texte. Ils lui auraient été communiqués par le comte Daru (proche de Dougados

---

1 Extraits de *La Quête*, puis lettre de protestation de Venance, reproduits un peu plus tard dans le *Journal encyclopédique*, en octobre et en décembre 1788.

à Montpellier en 1789), par la mère du poète, par M. Morel, homme de lettres, par 'une personne qui ne veut pas être nommée' (qui est à coup sûr Mme de Pins) et par un cinquième qui pourrait être M. de Kérivalant[2]. De ce voyage poétique, dit encore Labouisse, 'il a été répandu tant de copies informes' qu'on a tâché de le rétablir 'd'après les meilleures leçons'.

Cette formule présente quelque ambiguïté. Regardons-y de près, comparons sa *Quête* aux manuscrits accessibles. La version Labouisse, seule, se détache par un style plus recherché. Des mots évocateurs sont remplacés, au risque d'affadir la phrase. Par exemple: 'Je fus destiné à grappiller dans le quartier qu'on nomme La Salvetat' devient chez Labouisse 'Je fus destiné à parcourir la contrée'... Ou bien: 'Des tas de chiens d'auteurs' devient 'Quelques graves auteurs', etc. On ne trouve dans Labouisse rien de ce qui pourrait déranger, par exemple l'allusion au jansénisme de M. de Farenc. Par contre, mais en notes clairement signées de son nom, Labouisse ajoute des remarques acerbes sur la philosophie du XVIIIe siècle et se livre à trois pages de digressions sur 'la félicité conjugale' qui était son thème favori[3]. Lorsqu'on a terminé la lecture de *La Quête* dans Labouisse, et qu'on se souvient de ce qu'il dit de sa méthode, on reste hésitant: a-t-il eu en main un manuscrit tardif, retouché par Venance, ou bien Labouisse a-t-il réécrit le texte?

Au cours de la préparation de son livre de 1938, Albert Marfan a eu la chance de disposer du manuscrit original et unique de la dernière oeuvre de Dougados, son *Voyage de Carcassonne à Paris*, déjà utilisé par Labouisse. La comparaison des versions données par les deux principaux éditeurs de Venance est éclairante. Labouisse a arrangé le style; il a supprimé des passages entiers, et en particulier toutes les allusions aux amours de notre héros. Marfan conclut sur la méthode Labouisse en général: 'Il a malheureusement apporté dans cette publication des corrections, des rectifications et des changements, chaque fois qu'il a jugé que le texte offensait une austère morale et ses sentiments religieux et royalistes.' Toutefois, le biographe de 1938 n'a trouvé aucun manuscrit de *La Quête*, et il se contente dans son propre livre de recopier exactement la version Labouisse (en y ajoutant une vingtaine de fautes de lecture inattentive).

---

2 *Oeuvres de V.* p. 26, 55 à 57 et 127.

3 Voir la notice Labouisse dans le dictionnaire biographique *Les Audois*, R. Cazals et D. Fabre dir., 1990.

S'il en était encore besoin, j'ai trouvé la preuve de la réécriture de *La Quête* par Labouisse. Il s'agit d'une de ses pages de brouillon qui a pour titre: 'Sur les corrections faites aux poésies de Venance'. On y lit: 'Tous mes lecteurs sont loin de désapprouver la liberté que j'ai prise de donner plus de noblesse et surtout plus de décence au style de Dougados. Je ne sais rien de plus traître que le scrupule de conserver tout ce qu'un auteur a écrit, et de la manière dont il l'a écrit, comme si nous étions toujours aussi favorablement inspirés! *Mais*, dit-on, *nous voulons V... avec toutes ses fautes.* – Est-ce pour railler, Messieurs, ou pour mieux remplir votre métier de critiques que vous me faites cette prière? [...] Je m'en tiendrai à ma méthode, n'en déplaise à vos clameurs de haro [...] en vous invitant à faire mieux, si vous savez[4].' Cette note était peut-être destinée à être insérée dans une deuxième édition des *Oeuvres de Venance*, que Labouisse préparait en 1823-24. A cette occasion, Carbonell, l'ami de Dougados, envoyait à Labouisse une impressionnante série de nouvelles corrections à faire au nom de la beauté du style. Pour *La Quête*, en suivant Carbonell, on aurait fait disparaître tout ce que Labouisse n'avait pas encore effacé de légèreté et d'humour. A propos du *Voyage de Carcassonne à Paris*, Carbonell écrivait même: 'J'ai marqué dans le *Voyage* les principales taches. Relisez-le avec attention et vous en verrez bien d'autres encore que fera disparaître votre bon goût. Vous êtes ici parfaitement à votre aise. Il suffit de parler de nouveaux manuscrits qui vous seront parvenus, et vous ferez tout passer[5].'

Pour des raisons que j'ignore, Labouisse ne réalisa point sa deuxième édition, qu'il aurait fallu éliminer comme la première, car notre objectif, ici, est bien de faire ce qu'il refusait: donner l'oeuvre de Venance telle que celui-ci l'avait écrite. Pour cela, il faut avoir recours aux manuscrits (dont l'un fut imprimé localement à faible tirage).

3. – Les manuscrits

J'ai trouvé successivement les manuscrits suivants:

– à la Bibliothèque municipale de Carcassonne, cote Autographes 640-641, de la main de Venance, 494 vers, passages en prose allégés, sera désigné ainsi: BMC;

---

4 Papiers Labouisse, fiche non datée.

5 Papiers Labouisse, lettre du 6 juin 1824.

– à la Bibliothèque universitaire de Toulouse (Arsenal), cote Ms 235 (205), d'une autre main, fin du XVIIIe siècle, 550 vers, le plus complet, nombreuses notes, sera désigné: BUT;

– à la Bibliothèque nationale à Paris, cote Ms Fr 12784, de la main de Venance, 485 vers, prose allégée, sera désigné: BN;

– propriété du docteur Kochoyan, Montpellier, issu de la collection Gaston Vidal, d'une autre main, fin du XVIIIe siècle, 524 vers, sera désigné: Vidal;

– propriété du professeur J.-C. Brunon, Montpellier, dans un carnet portant le titre 'Pièces diverses de poésie et de littérature. St Pons. 1787. Au temple du goût', d'une autre main, 454 vers, un des plus complets en prose, le seul dans lequel la vicomtesse soit tutoyée, sera désigné: St Pons.

'Face à la clôture de l'imprimé, qui tend à fixer le contenu [...], le manuscrit apparaît comme une forme plus flexible', écrit Claudine Cohen à propos du *Telliamed*. Et encore: 'L'espace du manuscrit est indéfiniment ouvert aux corrections et aux ratures.'[6] C'est bien ce qui se produisit dans le cas de *La Quête du Blé*. Alors, quelle version choisir?

Deux manuscrits (BMC et BN) sont de la main de l'auteur. Mais cela ne veut point dire que les autres ne sont pas fiables, en dehors de quelques coquilles de copistes, vite repérées. On peut effectuer des recoupements entre BUT, Vidal et St Pons; seul Venance connaissait tel détail d'itinéraire mentionné là seulement; enfin, l'unité de style est évidente.

Le scenario d'ensemble se retrouve dans les cinq manuscrits. En plus de quelques variantes de détail, la principale différence vient de la dimension du texte. Des indices laissent penser que Venance est parti d'une version longue, qu'il a allégée à la copie. On le voit à des enchaînements perturbés par la disparition d'un passage. Il a principalement supprimé des phrases de prose, les vers étant plus valorisants. On a aussi l'impression que les copies varièrent en fonction du destinataire. Cela expliquerait la longueur inégale des descriptions des séjours au Py, à Monségou, à Lacaune. Certains vers admirateurs pour de jolies femmes ne désignent pas toujours la même...

Le manuscrit BN a servi à l'édition de *La Quête du Blé* par l'imprimeur Abeilhou à Castres à une date non indiquée,

6 Claudine Cohen, 'La communication manuscrite et la genèse de *Telliamed*', dans *De bonne main. La communication manuscrite au XVIIIe siècle*, édité par François Moureau, Paris, Universitas, et Oxford, Voltaire Foundation, 1993, p. 68.

vraisemblablement sous le Second Empire[7]. Le manuscrit appartenait à un M. Dougados, de Labruguière, petit-neveu du poète. Il fut ensuite déposé à la Bibliothèque nationale (alors 'impériale', d'après le tampon sur la page de titre et deux autres pages). Il existe donc une édition de *La Quête*, et elle est fort correcte puisqu'elle s'appuie sur un manuscrit de la main de l'auteur. Mais le hasard seul est responsable de l'impression de cette version-là, effectuée à petit tirage. Il n'y a aucune raison de préférer ce manuscrit aux autres quand on en a cinq sous les yeux. D'ailleurs, au nom de quel critère décider que telle version est la meilleure? Et que signifie l'expression 'la meilleure'? J'ai pris le parti d'essayer de reconstituer ce que je pense être la version longue originale, en utilisant uniquement phrases et vers de Venance. A la différence de Labouisse, je n'ai rien réécrit. L'inconvénient de ma méthode, c'est d'aboutir à un texte plus lourd que les manuscrits. Peut-être contient-il le portrait flatteur de personnages trop nombreux (le rédacteur du *Journal de France* avait utilisé cet argument, en 1788, pour effectuer de larges coupures). Mais je vois aussi des avantages. Aucune situation intéressante n'est laissée de côté. L'oeuvre prend une plus grande cohérence; une meilleure articulation s'établit entre les 'grands moments'. L'itinéraire, enfin, gagne en précision, bonne occasion de rappeler que, si *topoï* il y a, ils reposent sur une authentique expérience.

Variantes et explications

1-14: Si l'on en croit ce que le poète dit à Monségou, Adelaïde serait Mlle d'Alzau.

15-23: Passage difficile à interpréter, mais qui semble indiquer que quelque chose se produisit entre Adelaïde et le poète en sa vingtième année. Il s'agissait peut-être d'une rupture. – Variante intéressante dans BMC où les vers 20 à 23 sont barrés et remplacés par:

Depuis le jour que le dieu de Cythère
Suspendit ma lyre aux ormeaux
De ce bocage solitaire
Que l'Aude en serpentant arrose de ses eaux.

---

7 Comparaison des deux textes : différences insignifiantes provenant d'une mauvaise lecture ; prose et vers absolument identiques ; un mot effacé dans le manuscrit, laissé en blanc à l'impression.

Fabre d'Eglantine et André Chénier ont également évoqué l'Aude dans leurs poèmes.

24-31: Variante dans BN pour le vers 24: 'Il n'est donc plus cet âge où...' – Le marquis de Sainte-Aulaire (1643-1742), poète de cour et de salon.

32-38: 'Noir dédale' ou 'obscur dédale', selon les manuscrits.

39-44: *L'Art d'aimer*, poème d'Ovide.

45-58: Molina et Augustin, symboles de la lutte entre jésuites et jansénistes (voir plus loin). – 'Crayons' de la folie dans toutes les versions, sauf BUT où 'rayons' est une erreur du copiste. – Vers 58: le nom de la fille de la vicomtesse est Rosalie sur BMC et Vidal, Natalie sur les autres.

61-62: Dans le *Voyage en Bourgogne* de Bertin, on trouve 'le cristal de vos ondes' et 'vos grottes profondes'.

64/65: Dernière phrase seulement dans St Pons. Intéressante en fonction du quatrain qui suit.

65-68: 'Séraphique' désigne les Capucins. – La première version du quatrain a été:

Chaque individu séraphique,
Docile au voeu le plus sacré,
S'en va, perché sur sa bourrique,
Quêter des affronts et du blé.

C'est sur BMC que Venance semble avoir fait, tardivement, la correction, mais en hésitant. Il a conservé la première formule, il a écrit l'autre à côté et mis 'ou' entre les deux. La deuxième version est plus plate, mais établit la progression. On part quêter du blé; les affronts arrivent en sus.

68/69: 'Grappiller' évoque la cueillette, par les pauvres du village, des grappillons laissés par les vendangeurs. C'est un mot qui convient à la pratique de la mendicité, mais qui n'a pas plu à Labouisse. – La note sur Orient ne figure que dans BMC (choisi ici) et BN (petites variantes).

75-87: Ce passage sur le jansénisme de M. de Farenc est dans tous les manuscrits, mais pas dans Labouisse. – Variante au vers 85: 'Du Vatican, de Port-Royal', ce qui implique de changer le vers 87 en 'De Quesnel,

Wendrock et Pascal'. Les quatre noms sont ceux de personnalités du jansénisme français du XVIIe siècle (Pierre Nicole avait publié une traduction en latin des *Provinciales* de Pascal, sous le pseudonyme de Wendrock). – A titre personnel, Venance ne prend pas au sérieux ces luttes théologiques (voir 46-47). – L'influence janséniste en faveur d'une certaine rigueur morale subsistait dans la société méridionale, transmise dans les collèges des Doctrinaires et dans certains séminaires comme celui de Saint-Pons. Voir Jean de Viguerie, 'Jansénisme et moralisme chez les Doctrinaires de la province de Toulouse aux XVIIe et XVIIIe siècles', dans *Annales de l'Institut d'Etudes occitanes*, automne 1965, p. 127-136, et Ferdinand Pech, 'Alexandre-Victor Rouanet', dans *Revue du Tarn*, 1964.

95/96: M. de Saint-Maurice était le fils de M. et Mme de Farenc. – Le nom 'Murel' pourrait être une contraction de 'Muratel'. Les Barrau de Muratel étaient en effet une famille noble de la région de Lacaune. – Le nombre de convives décrits varie selon les manuscrits. Dans BUT et St Pons, en plus, un passage (non retenu ici) évoque l'absence de M. de Patau, que l'on retrouvera à Lacaune.

96-99: Dans BUT et St Pons, ce quatrain est placé plus loin, lors du séjour à Lacaune, mais il s'agit toujours de jolies femmes.

99/100: Remarquer la présence de Bertrand parmi les Messieurs et les Dames, et l'allusion à l'alchimiste Cornelius Agrippa.

109-123: Parodie du récit de Théramène dans *Phèdre* de Racine. – Labouisse et Carbonell sont choqués de voir que la monture de Venance est tantôt un ânon, tantôt une ânesse. Mais, ici, c'est la rime et l'humour qui commandent.

136-143: Aujourd'hui, à Roquecezière, on peut 'faire un repas' au bar-restaurant 'Le César'; sur le rocher se dresse une énorme statue de la Vierge Marie qui regarde dans la direction d'où arrivait le quêteur.

143/144: Le seul manuscrit qui évoque la pluie est St Pons. Pourtant, c'est un des *topoï* du genre littéraire du *Voyage*. Dans celui de Venance, il ne sera plus question de mauvais temps. Le ciel a été clément pour le poète.

144-156: C'est le manuscrit St Pons qui est le plus complet ici, en présentant le cas de Toinon en plus de celui d'Isabeau. Il y ajoute même celui du chevrier et de la bergère, mais seulement en quelques lignes de prose et sans le développement en vers qu'on va trouver en 431-488.

179/180: Allusion à une oeuvre de Gresset dans laquelle le perroquet Ver-Vert charmait de sa parole les religieuses de Nevers. Celles de Nantes voulurent l'avoir pour quelques jours. On le leur envoie, mais il voyage en compagnie de trois soldats et de deux filles légères. Il en apprend des jurons épouvantables...

180-239: Variantes de détail entre les manuscrits. – Dans la plupart, le nom de la femme de Bertrand est Toinon. Le manuscrit St Pons désigne une autre femme sous le nom de Toinon, et celle de l'ânier devient Babet, ce qui implique de légères modifications de rime. – Au vers 207, la version choisie est dans BMC, BN et Vidal. Dans BUT: 'plus turc qu'un démon'. Dans St Pons et Labouisse: 'pire qu'un démon'. – Vers 221: le Gascon était le héros ridicule de 'blagues ethniques'. Labouisse en donne dans les *Oeuvres de Venance*. Voir la remarque de Georges Buisson dans Colloque 94, p. 86, et la communication de Philippe Martel, 'Quand le Gascon fait la Révolution: images du Méridional', dans *La Révolution vécue par la province. Mentalités et expressions populaires en Occitanie*, Actes du colloque de Puylaurens, Béziers, CIDO, 1990.

240-248: L'*Epître à mon habit*, de Sedaine, est de 1745. – La note 6 ne se trouve que dans BUT.

248/249: La charge paraît grosse. Mais tous les manuscrits la donnent, sauf St Pons: 'Corneille était trop gigantesque; Racine trop langoureux...'. A partir d'un épisode sans doute réel, Venance a exagéré le trait, selon les lois du genre, le modèle des précieuses ridicules de Montpellier donné par Chapelle et Bachaumont, ou celui de Piron se moquant des beaux esprits de Beaune. Pour la présentation d'une société provinciale authentiquement cultivée, sinon à La Salvetat du moins dans les régions proches, voir Jean Delmas, 'Ecrivains du Rouergue', dans Colloque 94. – Les copistes, ne connaissant pas le mot latin *molle*, ont écrit: 'le mol' (Vidal), 'le moëlleux' (St Pons).

249-256: Seul BUT donne ce passage en vers. A sa place, dans les autres manuscrits, quelques lignes en prose.

286-289: Parodie du *Lutrin* de Boileau.

290-297: Labouisse n'a pas supporté 'Un tas de chiens d'auteurs', expression qui figure dans tous les manuscrits. Il n'aime pas non plus 'envoyé paître', ce qui l'oblige à supprimer les quatre derniers vers.

297-298: L'amie d'adolescence de Jean-François Dougados, Marie-Thérèse d'Alzau, a épousé, le 30 mai 1785, le vicomte de Pins, seigneur de Monségou. Dans BUT, Vidal et St Pons sont intercalés ici quelques vers témoignant d'hésitations. Il semble que Venance, finalement, ne les ait pas retenus.

309/310: Thème de Rousseau. Venance en est tellement imprégné que ce passage lui vient spontanément, sans avoir à citer le maître. En 1778, à Maastricht, Fabre d'Eglantine écrivait, dans une *Romance à ma femme et mon fils* (*Oeuvres mêlées et posthumes*, Paris, an XI, 2, p. 180):

Ta mère en est jalouse;
Elle en connaît le prix:
Le lait seul de mon épouse
Doit former le sang de mon fils.

315/316: Dans BUT, le mari arrive plus tard, ce qui donne lieu à une variante intéressante: 'Il parut, le plus heureux des hommes...'

319/320: Le manuscrit St Pons est ici le plus complet. L'évocation du passé est fondamentale. Dans une lettre à sa mère, du 26 février 1788 (Papiers Labouisse), Venance dit qu'il est très satisfait d'une épître aux mânes de M. de Voisins d'Alzau qu'il vient d'écrire. Le texte en est perdu.

323/324: Les forges de Monségou étaient des bas-fourneaux 'à la catalane'. La force de l'eau actionnait leurs soufflerie et leurs marteaux. Voir un plan en couleurs du château et des forges aux Archives du Tarn, cote S3-533, reproduit p. 79 dans *Le Tarn, mémoire de l'eau, mémoires des hommes*, sous la dir. de Philippe Delvit, Toulouse, 1991. A la même page, je citais le passage de *La Quête* relatif à Monségou et à l'Agout d'après l'édition Labouisse.

324-347: Petites variantes selon les manuscrits.

348-355: Le rêve de Venance se trouve seulement dans St Pons. C'était un aveu trop direct, supprimé de la plupart des copies. Comme il s'agit d'un rêve, j'ai conservé ici le tutoiement. Labouisse connaissait ces huit vers. Il les donne, isolés, hors de *La Quête*, sous le titre *Songe. A Aspasie* (p. 164 des *Oeuvres de V.*). Les a-t-il extraits d'une version de *La Quête* qui le choquait? Dans son adaptation, ne figurent évidemment ni 'de Pins', ni 'goulûment'!

355/356: Les manuscrits BMC et BUT commencent ainsi: 'Mon inquiète insomnie...', expression qui indique que l'insomnie a déjà été décrite au lecteur. Or, ces deux manuscrits ne donnent pas le rêve. Celui-ci a donc été supprimé de certaines copies, en fonction de leur destinataire. – Les huit vers nous éclairent sur la nature de l'insomnie et sur les sentiments profonds de Venance. Par contre, ils introduisent une obscurité. Quand le jeune homme parle de la 'rigueur' de la dame, que veut-il dire? Evoque-t-il le passé?

356-364: Venance s'inspire encore du *Voyage en Bourgogne* de Bertin: 'Champs de Fontainebleau, délicieux déserts'... – Sur plusieurs manuscrits, pour atténuer le vers 364, 'mon amie' est remplacé par le nom du bébé de Mme de Pins.

364/365: Dans les versions allégées, tout ceci est tellement bref que l'on passe, d'une phrase à la suivante, du grand matin à la tombée de la nuit. J'ai choisi la version la plus complète et la plus intéressante pour l'itinéraire (St Pons).

365-374: Variante intéressante dans BN, aux vers 369-370:

Immolait en fureur au démon des ragoûts
Le frère sur la soeur, l'épouse sur l'époux.

Dans Bertin, expression différente, mais même situation:

Là disparaît une poularde
Sous deux couches de godiveau;
Ici le timide perdreau
Se blottit, par instinct, sous sa coiffe de barde
Pour éviter encore et tromper le couteau.

Ite, nescio vos: allez, je ne vous connais point. Merci à mon ami Jean Blanc de m'avoir signalé l'expression dans l'*Evangile selon Matthieu*, XXV-12 (à propos des vierges folles).

374/375: Il est évident que la servante du curé s'est exprimée en langue d'oc. La variante de BN et BMC voudrait être une traduction en 'langage paysan français'. Elle sonne faux: 'pas pour toi que j'ons mis le pot, t'as de l'argent, vat à la gargotte'. Autre variante, encore plus bizarre dans Vidal.

375-378: Labouisse a découvert l'idée qui a inspiré Venance dans le *Mercure galant* de mai 1782 (voir *Oeuvres de V.*, p. 125-126).

379-404: La version la plus complète est BN. Son intérêt vient aussi de ce que Venance a retouché son texte en le copiant. C'est donc celui-ci qui est retenu.

404-412: 'Pour réparer des ans l'irréparable outrage' (Racine, *Athalie*, acte II, scène V).

426/427: Le nom de la femme est Toinon ou Babet selon les versions (voir 180-239).

427-430: Précédés de six autres vers dans BUT, Vidal et St Pons, mais différents selon les versions. Venance semble avoir choisi de les éliminer.

430/431: Variante (St Pons): 'les poings sur les flancs, et d'une voix à faire fendre les rochers'.

431-488: St Pons place cette rencontre plus haut et ne donne pas les vers. – Carbonell écrivait à Labouisse qu'il regardait 'cette petite tirade comme parfaitement déplacée [...] car ce n'est pas en vers assurément que parlait le chevrier' (Papiers Labouisse).

488/489 et la suite: Les versions sur le séjour à Lacaune diffèrent quelque peu. Les mêmes vers admiratifs désignent parfois des femmes différentes. Peut-être Venance les modifiait-il en fonction du destinataire. J'ai essayé de reconstituer l'ensemble le plus complet et le plus logique.

493-496: Variante BN pour les deux derniers vers:

> A-t-on vu d'un tube enflammé
> Partir avec fracas une balle brûlante ?

496/497: Le récit de la rencontre avec M. Milhaud ou Millot ne se trouve que dans St Pons (mais Labouisse l'a vu aussi). Ce passage alourdit l'oeuvre, mais il montre qu'on parlait aussi de choses sérieuses au cours de ces soirées, au siècle des Lumières (voir au château du Py). – Huyghens (1629-1695) et Boerhaave (1668-1738), savants et philosophes hollandais. Voltaire a écrit *La Henriade* en l'honneur d'Henri IV en 1723.

497-502: Ces six vers ne sont que dans St Pons. La mention de Calvin ne peut être qu'une allusion au fait qu'une bonne partie de la petite noblesse lacaunaise était de religion protestante. Merci à Michel Maldinier de me l'avoir confirmé (il est l'auteur de plusieurs ouvrages d'histoire de la région, *Lacaune-les-Bains, des origines à nos jours*, et *Barre, mon village du bout du monde*).

512-516: Amélie ou Emilie ou encore Sophie, selon les manuscrits. Une fois même (BN, de la main de Venance), l'auteur annonce Mlle Emilie, et les vers sont en l'honneur de 'l'engageante Sophie'.

517-521: Labouisse et Carbonell s'indignent d'un 'épouvantable anachronisme'.

535-542: Le cardinal de Bernis (1715-1794) avait écrit dans sa jeunesse des poésies légères contenant 'une trop grande prodigalité d'images mythologiques et de fleurs'. 'On sait que Voltaire l'appelait *Babet la Bouquetière*', ajoute la *Biographie Universelle* de Michaud. Archevêque d'Albi en 1764, il se rendit à Massuguiès avant son départ comme ambassadeur à Rome en 1769.

547-557: Ces passages en l'honneur d'une beauté locale ne sont que dans BUT et St Pons. – Le chevalier de Boufflers, auteur d'un *Voyage en Suisse* en 1770, écrivait dans l'*Almanach des Muses*.

L'Ennui

Elégie qui a concouru pour le prix de l'académie des Jeux Floraux de Toulouse,
par le père Venance de Carcassonne

Une oisive et morne indolence
Versait sur ma frêle existence
Le noir poison de la langueur;
Mes jours perdus pour le bonheur
S'écoulaient dans l'indifférence;
Un long ennui filait mes ans,
Sans désir et sans espérance,
Tout sommeillait, et mon âme et mes sens.
Je disais: sur ces monts que le pampre couronne,
Dans ce verger silencieux,
Je ne vois qu'un vert monotone
Qui lasse et fatigue mes yeux.
Jardins semés de fleurs, bosquet, caverne obscure,
Cyprès qui partagez le deuil de la nature,
L'ennui jette sur vous son crêpe ténébreux.
Oui, tout est mort pour moi, les champs sont sans culture
Les arbustes sans fruits, et les prés sans verdure.
Gentils linots, passereaux amoureux,
Tendres ramiers, sensible philomèle,
Oiseaux que le printemps rappelle,
Ah! loin de moi soyez heureux!
Quelle déité bienfaisante,
Auprès d'une onde pure a planté ces ormeaux?
D'un vent léger, l'haleine caressante
Incline mollement leurs flexibles rameaux.
Que je me plais sous ces berceaux!
Flore étale dans sa corbeille
Mille boutons éclos du souffle des zéphirs,
Les bleuets enlaçant leurs gerbes de saphirs
A l'incarnat de la rose vermeille;

Du lys et du jasmin, le calice argenté
Se marie aux rubis de la fraîche groseille.
Quel mélange d'odeurs! quelle variété!
Non loin de ces berceaux, la diligente abeille,
Du calice des fleurs extrait sa liqueur d'or:
La nature renaît, je puis jouir encor.
Quel désir incertain, quelle pente secrète
        Fixe mes yeux sur ce pavot naissant?
O fleur! que je te hais! ton aspect languissant
A réveillé l'ennui dans mon âme inquiète.
Roses, le même jour vous voit naître et mourir,
        Et le volage amant de Flore
Caresse le matin la fleur qui vient d'éclore
        Et que le soir verra flétrir.
Qu'est-ce que le bonheur qui ne voit qu'une aurore?
        Séjour du calme et de la paix,
        Je te salue, ô réduit solitaire!
Que le marbre et l'azur, que l'orgueil des palais
Insultent fièrement à ma simple chaumière,
Je goûte un doux repos sur un lit de fougère,
        Et le remords s'agite sous le dais
O vous qui décorez mon humble solitude!
Charmez, livres chéris, ma noire inquiétude.
        Vers séducteurs que le désir
        Dicte à l'amant d'Eléonore,
Pour la première fois, amusez mon loisir.
Vains projets! tout nourrit l'ennui qui me dévore;
Je prends, laisse, reprends, j'ouvre, je ferme encore
Ces écrits que l'amour offre au dieu du plaisir.
Mais je vois Melpomène errante, échevelée,
S'égarer, au hasard, dans l'horreur des tombeaux,
        Et, du fond de leur mausolée,
        Evoquer l'ombre des héros.
Le sang de Rhadamiste et le festin d'Atrée,
Jusqu'au fond de mon coeur impriment la terreur.
J'embrasse avec transport l'urne du grand Pompée,
        Et je deviens l'écho de la douleur
        D'Iphigénie et de Thésée.

Orosmane frémit du coup qu'il a porté,
En vain sa voix tremblante appelle encor Zaïre:
Zaïre... Elle n'est plus; il se frappe, il expire
Sur ce cadavre ensanglanté.
Sur le bord d'un tombeau, Sémiramis mourante
Fuit l'ombre de Ninus qui l'appelle aux enfers.
Le feu livide des éclairs
Découvre de son front le trouble et l'épouvante.
Quels cris aigus! j'entends sa lamentable voix;
Le sang à gros bouillons sort de sa bouche impure.
Mère, amante tout à la fois,
Sa flamme trahissait l'amour et la nature.
N'est-ce qu'aux cris du sang que mon coeur abattu
Reprendra sa vigueur première?
Dieux! aux transports du crime, ah! combien je préfère
L'émotion de la vertu!
Ces préjugés honteux, que le vulgaire encense,
Etendaient sur nos yeux les voiles de l'erreur;
O Rousseau! ta fière éloquence
Rappelle l'homme à sa grandeur.
Enfin, la nature flétrie,
Par tes mâles accents dans nos coeurs retentit:
Rousseau! tu fus sans doute un Dieu pour ta Patrie...
Qu'ai-je dit? ô douleur! Rousseau mourut proscrit;
Et Rousseau fut l'auteur d'Emile et de Julie[1].
Don précieux du Ciel, sage philosophie,
Bien solide et parfait, charme de nos loisirs,
Rends à mes sens toute leur énergie,
Rends-moi mon âme et mes désirs.
Mon bonheur sera ton ouvrage;
Que me sert d'être vertueux ?
Pour mon coeur il faut davantage.
En m'apprenant l'art d'être sage,
Enseigne-moi l'art d'être heureux.
Contre la langueur qui m'oppresse,
Hâte-toi de me secourir...

1 Ce n'est pas le cas de faire le procès au citoyen de Genève sur les erreurs qu'on lui a si justement reprochées. Ici, comme dans tout le reste de la pièce, je parle en poète et non en théologien.

O raison! tu ne peux que montrer ma faiblesse:
La montrer, est-ce la guérir?
Ah! je le sens, tu n'es qu'une chimère,
Un vide aliment de nos coeurs;
Sous ton nom, dans ton sanctuaire,
Nous n'encensons que nos erreurs.

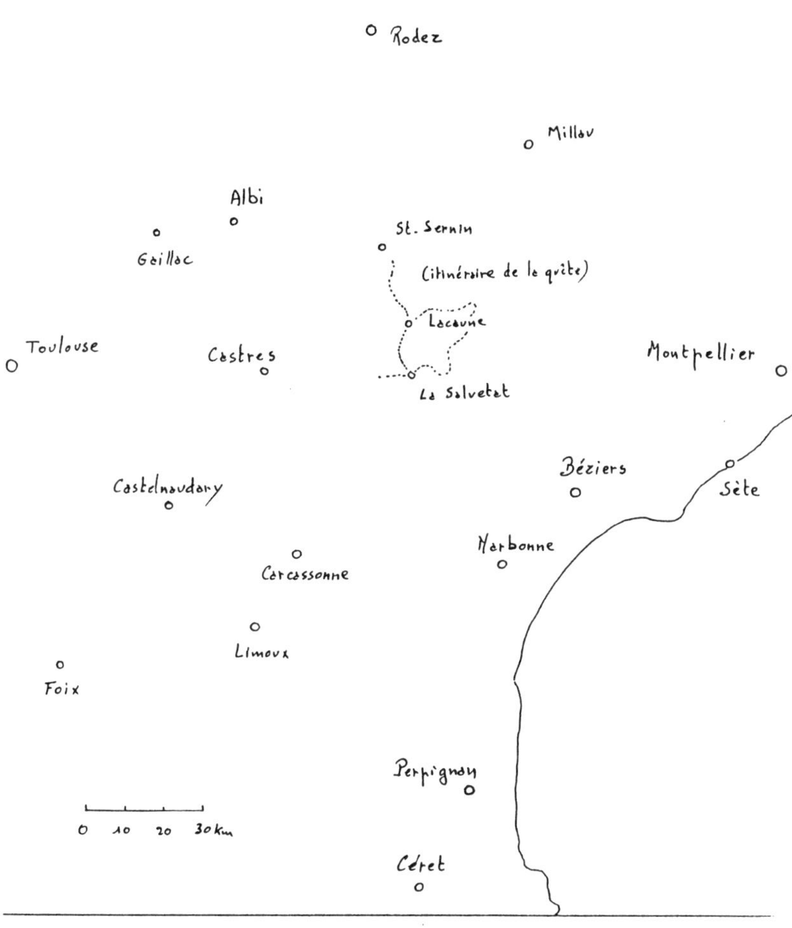

Localisation des villes du Sud fréquentées par Venance Dougados

De la République des Lettres à la République Une et Indivisible

(Biographie de Dougados après la rédaction de *La Quête*)

Lorsque Venance rédigeait *La Quête*, il n'était qu'un capucin inconnu, rouage minuscule de la société d'Ancien Régime. Le succès qui lui permit d'entrer dans la République des Lettres est venu plus tard. A plus forte raison son engagement politique dans la Révolution. C'est pourquoi je n'ai pas voulu en parler avant de donner à lire son texte. Il faut à présent aborder ces questions, en insistant sur la période au cours de laquelle on connaissait Venance comme 'l'auteur de *La Quête*', et en passant plus vite sur celle où il se transforma en orateur de club populaire.

La bonne société méridionale accueille *La Quête*

Tout au long de son itinéraire, le capucin avait fréquenté la bonne société, à Lacaune et en divers châteaux. 'Ne pourrais-je pas vous baptiser le panégyriste des onze mille comtesses du Rouergue?', lui écrivait le père Sermet[1]. Cela faisait, sinon des milliers, du moins quelques lectrices qui souhaitèrent faire lire les compliments qu'elles avaient reçus. M. de Farenc réunit des 'gens d'esprit' pour discuter des qualités de *La Quête*, et le verdict fut favorable. Il rédigea alors une lettre à la marquise de Pons-Nogaret pour accompagner l'envoi d'une copie: 'C'est un ouvrage en vers et en prose qui pourra amuser votre solitude. Le voyage d'un quêteur ne peut que présenter des détails agréables et des contrastes intéressants, mais l'exécution m'en paraît difficile. L'auteur est obligé de créer son genre.' Venance jugea cette lettre assez élogieuse pour la faire figurer en préface de certains manuscrits[2]. Elle évoque déjà 'la multiplicité des copies qui en ont été tirées'. 'Tout le monde voulut avoir copie du charmant opuscule', écrit Isidore Dougados. Au hasard des documents que l'on peut encore consulter, voici une lettre d'un capucin de Toulouse: 'J'ai prêté ton *Voyage* à M. Roux, capitoul, qui me l'a fait demander'; une autre du père Sermet: 'Ne soyez point fâché que votre *Quête du Blé* ait franchi les limites que vous vous étiez cru en droit de lui prescrire. C'est à cet

---

1 ADPO-91 (20 mai 1788). Sermet est le futur évêque constitutionnel de la Haute-Garonne.

2 On la trouve dans BUT et BMC. Labouisse la donne aussi

ouvrage que je dois l'honneur et le plaisir de votre connaissance.' Venance fut reçu dans les châteaux. La marquise de Pons-Nogaret apprécia *La Quête* et invita l'auteur à passer dans le sien la fin de l'année 1787[3].

Pendant ce temps, quels étaient les rapports de Venance avec ses supérieurs? Il semble d'abord, avant qu'ils aient pu avoir connaissance de *La Quête*, que la punition ait été levée, qu'ils aient mis fin à son exil. En effet, Venance a conservé des lettres à lui adressées à Gaillac entre janvier et mars 1787. Le père Augustin lui dit qu'il adressera au père gardien de ce couvent un témoignage favorable à son ancien élève. 'Soyez docile et soumis', lui écrit le provincial, ce qui laisse entendre qu'on lui donne une nouvelle chance[4].

Etre envoyé à Gaillac, c'était se rapprocher de Toulouse. Venance n'avait pas perdu espoir d'y revenir. Il avait sollicité son ami en ce sens, et Augustin lui répondit d'abord: 'Si la Sainval vous attire à Toulouse, il est inutile d'en faire le voyage; il y a cinq jours qu'elle est partie', allusion à la rencontre dont il a été question dans la première partie. Augustin aurait voulu reprendre celui à qui il écrit: 'Je suis de coeur et d'âme votre ami.' Mais le père gardien du couvent de Toulouse a conservé un mauvais souvenir de Venance. Aussi Augustin est-il obligé de chercher un compromis entre son affection et les exigences de la discipline: 'J'écris par le même courrier au RP provincial pour demander votre rentrée dans le cours et un ordre en blanc comme je vous en ai prévenu. Il est essentiel pour vous de mettre de l'eau dans votre vin pour ne pas être obligé de sortir encore de mon étude.'[5]

C'est au cours de cette période que Venance rencontra Angélique. 'Elle perdait sa vie dans un cloître', écrira-t-il dans son *Voyage de Carcassonne à Paris*. 'J'achetais le plaisir de fixer mes yeux sur les siens, l'espace de six, huit heures, par les fatigues d'un voyage de quarante lieues, fait à pied sous un soleil brûlant, ou à travers les glaçons qui déchiraient et ensanglantaient mes membres nùs. Je promettais le bonheur à Angélique'... Marfan a su identifier la religieuse (Angélique Dubrun) et le couvent (Notre-Dame des Anges, près d'un village, Les Cassès, situé au nord-ouest de Castelnaudary)[6]. Nous ignorons la date de l'aventure. Le

---

3 ADPO-185 (capucin, 11 août 1787), 91 (Sermet, 20 mai 1788) ; Papiers Labouisse (27 déc. 1787).

4 ADPO-203 (Chabot, 16 janv. 1787), 120 (provincial, 7 janv. 1787).

5 ADPO-203 (23 fév. et 9 mars 1787).

6 Marfan, p. 208 et 296. Il se trompe par contre lorsqu'il pense que les lettres passionnées trouvées dans les papiers Dougados (ADPO) sont d'Angélique.

'soleil brûlant' évoque l'été 1787. Les 'glaçons' sont vraisemblablement ceux des premiers mois de l'année. Le seul document daté est une lettre du père provincial au capucin égaré, le 24 septembre: 'Quant au fait de la religieuse des Cassès dont vous parlez, il faut que vous y ayez été plus de trois ou quatre fois, puisque la supérieure m'a fait parler en conséquence[7].'

A cette date, et jusqu'en mai 1788, le courrier reçu par Venance porte l'adresse: N.-D. d'Orient. On l'y a donc renvoyé. A cause de sa mauvaise réputation? D'Angélique? De la diffusion d'un récit de quête plus rousseauiste et libertin que religieux? Remarquons les directives d'un capucin: 'Abandonnez la lecture de vos philosophes, mettez-vous sous les yeux un bon théologien[8].' Et le texte d'envoi de la quête à M. de M**, malheureusement non daté:

> Ah! pardonnez-moi les écarts
> Et la faiblesse de mes rimes.
> Quelques tartufes, des cafards
> Voulurent m'en faire des crimes.
> [...]
> C'est à vous autres, gens du monde,
> A bien assortir les couleurs;
> Tout vous sourit, tout vous seconde,
> Aucun sot prieur ne vous fronde,
> Et partout vous cueillez des fleurs[9].

L'hostilité des tartufes, cafards et sots prieurs va se réveiller avec l'affaire de *L'Ennui*, élégie envoyée par Venance au concours poétique de l'académie des Jeux Floraux de Toulouse.

Tempête sur l'élégie

Le 3 mai, traditionnellement, l'académie des Jeux Floraux proclamait en séance publique les résultats des concours et distribuait les fleurs (en métal précieux) qui en étaient les prix. Cela constituait, dit Michel Taillefer, 'un des temps forts du calendrier festif toulousain'. Cette académie

7 ADPO-181.

8 ADPO-135 (9 déc. 1787).

9 *Oeuvres de V.*, p. 108-109. Style peut-être retouché, mais pas le sens général.

provinciale (elle-même imitée à Rodez) était une des plus prestigieuses de France. Vers la fin du XVIIIe siècle, elle avait 'adhéré sans équivoque aux grands thèmes des Lumières', encore qu'il ne faille pas surestimer son audace. 'Cette institution de haute tradition', dit Michel Vovelle, constituait un foyer de diffusion des 'Lumières tranquilles, reçues et pratiquées dans le cadre d'élites en place'[10].

Venance présenta une élégie sous le titre *L'Ennui.* Il eut l'honneur de la lecture en public et de l'impression dans le *Recueil* de l'académie, mais n'emporta point de prix[11]. D'après la rumeur toulousaine, il l'aurait obtenu si son poème n'avait pas exprimé des idées trop hardies pour un capucin, l'absence de sentiments chrétiens, un hommage appuyé à Rousseau. Une lettre adressée le 17 juillet 1788 au père Venance par Rességuier, titulaire du 23e fauteuil de l'académie, confirme la rumeur: 'J'aurais voulu n'y pas voir votre nom. Ce n'est pas précisément que je mette cette élégie au rang des pièces réprouvées, mais un religieux doit à son état une plus grande circonspection. Je ne saurais trop vous exhorter à vous abstenir dans vos écrits de tout ce qui pourrait prêter matière à l'équivoque. C'est pour votre intérêt que je vous donne ce conseil. Il est une infinité de sujets sur lesquels votre plume peut s'exercer et qui ne peuvent que tourner à votre avancement dans la carrière que vous parcourez[12].'

On entend, dans cette lettre, l'écho d'un appel au secours de Venance qui se savait en danger. Rappelons son comportement durant ses études, ses frasques, son irrépressible tendance à ridiculiser ses supérieurs. Le père Augustin a encore reçu des vers irrespectueux en décembre 1787, mais ses sentiments n'ont pas varié: 'Vous pouvez croire que jusqu'au dernier soupir je serai disposé à vendre la chemise pour vous obliger. Je vous aimerai toujours malgré vous-même.' Par contre, le père Joseph, qui eut aussi sa part, 'en fit un plat à sable' et jura la perte du coupable[13]. Le 3 mai 1788, l'élégie *L'Ennui* est rendue publique. Le 5 juin, Venance la fait imprimer pour son compte à Carcassonne. Samary, curé de Saint-Nazaire, s'étouffe d'indignation. Il écrit aussitôt au

---

10 Dans Colloque 94, voir M. Taillefer, 'L'académie des Jeux Floraux de Toulouse à la fin de l'Ancien Régime'; J. Delmas, 'Ecrivains du Rouergue'; M. Vovelle, 'Conclusions'.

11 *Recueil des ouvrages de poésie et d'éloquence présentés à l'académie des Jeux Floraux en 1784, 1785, 1786, 1787 et 1788*, à Toulouse, chez Desclassan, 1788, p. 285-288 ; texte manuscrit de *L'Ennui* aux Archives de l'Aude, cote 53-J-111.

12 ADPO-199.

13 ADPO-203 (14 déc. 1787).

provincial des Capucins: 'Cet ouvrage est abominable. Il renferme des principes contre les moeurs et contre la religion d'une manière révoltante, quoique malheureusement en assez jolis vers. [...] J'ai cru, pour la part que je prends à ce qui vous regarde, et principalement par intérêt pour la religion que je devais vous en instruire pour que vous y mettiez ordre, et qu'on sache dans le public que les supérieurs d'un homme de cette espèce désavouent un pareil écrit en punissant son malheureux auteur d'une manière exemplaire. Sans prétendre vous donner des avis, je pense qu'il mériterait qu'on eût un ordre de M. le commandant que vous avez à Toulouse pour qu'il fût enfermé dans quelqu'un de vos couvents de telle sorte qu'il fût hors d'état de produire de telles pièces que l'enfer seul peut vomir.' Le provincial envoie au coupable copie de cette lettre accompagnée de menaces[14]. Nous verrons plus loin que les accusations contre Venance montèrent jusqu'à Rome. Dans l'immédiat, le provincial souhaite humilier le poète. Il adresse à un capucin de Paris une copie de *L'Ennui*, avec mission de la remettre à l'abbé de Fontenay, rédacteur du *Journal général de France*:

'Nous avons le malheur de posséder dans notre province *un crâne* en la personne d'un de nos religieux, qui n'est d'ailleurs que simple clerc. [...] Malheureusement pour lui et pour nous, ce jeune étourdi fait d'assez *jolis vers*; [...] il ne cesse de nous en inonder. Ce ne serait rien s'il n'avait la manie de les assaisonner de principes contre les moeurs et contre la religion [...] et je ne puis plus me taire sur cet objet sans avoir l'air de conniver avec ce mauvais auteur. Je voudrais donc débuter par *humilier s'il est possible son orgueil;* car il n'est pas douteux qu'il ne croie que sa pièce est un chef-d'oeuvre de l'art, puisqu'il a osé adresser les reproches les plus sanglants aux Maîtres de nos Jeux Floraux de ce qu'ils n'avaient pas couronné son ouvrage. Au demeurant, peu s'en est fallu qu'il ne l'aie été... Il est enfin de notre honneur et de mon devoir de désavouer cet écrit. A cet effet, vous m'obligerez sensiblement de vouloir bien vous donner la peine de le faire passer à M. l'abbé de Fontenay, rédacteur du *Journal général de France*, et de le supplier de ma part d'en faire la critique avec toute la justesse et tout le zèle dont je le connais capable.'

Dès le 5 août 1788, le *Journal général de France* publiait: 1. la lettre du provincial; 2. l'élégie *L'Ennui*; 3. une lettre de l'abbé de Fontenay aux

14 ADPO-105 (Samary, 5 juin 1788), 201 (provincial, 18 juin).

révérends pères capucins, qui commence par abonder dans leur sens (avec quelque ironie tout de même):

"Révérends Pères,

'Pour répondre à la confiance dont veut m'honorer l'ordre vénérable des Capucins, je commencerai par blâmer avec la plus grande sévérité l'esprit général de cette pièce de vers. Elle présente des maximes qui seraient très condamnables dans un homme du monde, à plus forte raison dans un religieux, et à plus forte raison encore dans un capucin.'

Mais...

'Mais, d'un autre côté, quel talent pour la poésie! Ce sont des vers bien faits, bien tournés, où l'on trouve de la facilité, de la grâce, de l'harmonie. [...] Voyez comme le poète sait varier ses couleurs, comme il entend l'art des contrastes, avec quelle fraîcheur il décrit les richesses de la nature.'

Enfin...

'Si ce jeune capucin n'était pas lié par les voeux, je lui dirais: Quittez cet habit avec lequel les Grâces n'ont jamais joué et qui paraît fait pour repousser les caresses des Muses. Accourez à Paris et venez perfectionner, dans ce séjour des Beaux-Arts, votre goût et votre talent. Mais, si une vie de mortification et de pénitence doit être à jamais votre partage, renoncez pour toujours à ce talent dangereux pour la poésie; il ferait votre malheur, il vous susciterait des tracasseries, peut-être même des persécutions continuelles.'

Le père provincial avait perdu sur tous les tableaux: les Capucins en sortaient ridiculisés; l'orgueil de Venance n'était pas humilié mais exalté; son élégie toulousaine accédait au niveau parisien. D'autant que le *Journal encyclopédique* reprenait en octobre le texte de *L'Ennui* et un résumé des lettres du provincial et de l'abbé de Fontenay. Dans la foulée, les deux journaux publiaient des extraits de *La Quête du Blé*. Le massacre subi par le texte a été évoqué plus haut, de même que la protestation de l'auteur. Certes, l'originalité de ce *Voyage* et quelques passages de jolis vers pouvaient attirer. Mais il semble que rédacteurs et lecteurs aient surtout été sensibles à la situation du jeune capucin.

Biographe de Venance, capucin lui-même et défenseur de son ordre, le père Apollinaire nie toute persécution. Le poète était insupportable dans un couvent, dit-il (là-dessus, on ne peut qu'être d'accord). Il ajoute que les lettres de ses supérieurs ('qui probablement n'existent plus nulle part') sont 'si nombreuses que leur quantité suffit seule à montrer qu'elles émanaient de sentiments indulgents et charitables'. Là, le père Apollinaire se trompe. Les lettres existent (aux Archives des Pyrénées-Orientales), et la plupart contiennent reproches, menaces, punitions. Quelques-unes ont déjà été citées. Le curé Samary et d'autres bien-pensants de Carcassonne ont souhaité une lettre de cachet pour faire enfermer leur concitoyen. Le sommet de la hiérarchie des Capucins, à Rome, s'en est mêlé. Le père Abel, définiteur général, a jugé l'élégie 'absolument impie'; elle ne peut avoir pour auteur 'qu'un homme sans religion, un athée' (29 oct. 1788). Plus tard (3 déc.), il informe le provincial de la décision du révérendissime père général: au vu de 'l'indignité du sujet', qui n'apporterait probablement à la religion 'que la confusion et le scandale', on prendra toutes dispositions pour qu'il ne soit pas ordonné prêtre[15].

Même si tout cela n'est pas connu du public, on sait que Venance est persécuté. On parle de plus en plus de lui dans la société méridionale, et le succès médiatique parisien contribue à asseoir sa réputation dans la province. Le *Journal de Nîmes* publie *L'Ennui*. Des nobles, des ecclésiastiques écrivent à Venance pour le féliciter de ses vers et prendre son parti contre la hiérarchie[16]. 'Tous les beaux esprits du Languedoc, de la Provence, de la Gascogne et du Dauphiné s'évertuèrent pour décorer, comme ils disaient, le capuchon de saint François des myrtes de Cythère et des lauriers du Permesse[17].' A Perpignan (vraisemblablement en été 1788), il 'fut recherché par tout ce qu'il y avait de plus distingué dans la robe et dans l'épée[18].' Par les adresses figurant sur le courrier qu'il reçut, on apprend que Venance se déplaça beaucoup entre juin et septembre: Perpignan, Céret, Narbonne, Toulouse. 'J'étais à Toulouse', écrira Venance dans le *Voyage de Carcassonne à Paris*. 'Quelques productions littéraires, l'élégie de *L'Ennui*, *La Quête du Blé* en prose et en vers, favorablement accueillies du public, avaient rendu cher leur auteur. Partout, je trouvais des amis ou des hommes empressés à le devenir.' Tout cela préfigure son triomphe.

Dans l'immédiat, les lignes ci-dessus annoncent aussi une nouvelle aventure. Venance rencontra Augustine au couvent des Salenques... 'Dans

15 ADPO-165, lettres transmises à Venance par le provincial.

16 *Journal de Nîmes*, 23 oct. 1788 ; ADPO-220 (chevalier de Gaston, 9 déc. 1788) ; Epître de Claude Peyrot au père Venance, en occitan du Rouergue, citée par J. Delmas, 'Ecrivains du Rouergue', dans Colloque 94.

17 M. Auger, *Mélanges philosophiques et littéraires*, Paris, 1828, 2, p. 278.

18 Carbonell, dans *Oeuvres de V.*, p. 48 (la date de 1786 est une erreur).

quelques jours cette aimable connaissance devint nécessité de se voir, de se parler, cette nécessité amitié, cette amitié amour, rage, frénésie.'
Mais Augustine fut infidèle[19]...

Le triomphe de Venance

Un autre poème de Venance, *La Veillée*, est adressé à la baronne de Ballainvilliers, épouse de l'intendant de Languedoc. On y lit les sentiments habituels du jeune homme pour une belle dame, mais surtout l'expression de la reconnaissance envers son mari:

> Ballainvilliers parle, et mes chaînes
> A mes regards ont disparu[20].

Au sommet de la société languedocienne, l'intendant avait entendu parler du capucin poète. Après enquête, qui causa une grande surprise à la maman Dougados à Carcassonne, Ballainvilliers écrivait à Venance, le 16 septembre 1788: 'L'intérêt que vous m'avez inspiré est né de vos ouvrages. Je leur ai trouvé une élégance et un agrément qui s'accordent peu avec l'habit que vous portez. [...] Vous êtes languedocien, c'est pour moi une première raison d'attachement. Vous êtes poète et littérateur, c'est une raison d'intérêt. Vous êtes malheureux, et c'est alors une jouissance de venir à votre secours. J'ai écrit au père provincial pour lui demander la permission de vous voir et je n'imagine pas qu'il me refuse. Du moment que vous l'aurez reçue, j'aurai le plaisir de vous voir à Montpellier. Je serais comblé de pouvoir vous être utile[21].' Venance fut en effet transféré au couvent de cette ville, dirigé par le père Féau, dont les contemporains vantaient l'ouverture d'esprit: un 'homme bien au-dessus de sa robe et très répandu dans le monde', dit Paulin Crassous. En plus de ce dernier, Venance rencontra alors Sicard (qui fera sa notice dans la *Biographie Universelle* de Michaud), Pierre Daru (poète, futur comte d'Empire, ministre, académicien... et protecteur de Stendhal), Chaptal (chimiste, lui aussi futur ministre et comte d'Empire)[22]. Le père Venance

---

19 Récit complet dans *Voyage de Carcassonne à Paris* (Marfan, p. 319-320). Poème à Augustine, ADPO-221.
20 *Oeuvres de V.*, p. 145-149 ; *Almanach des Muses*, 1790, p. 67-72 (quelques variantes).
21 ADPO-149.
22 ADPO-72, 74, 84, 117, 211, 213, 248, 336 (Daru) et 163 (Chaptal).

est devenu la coqueluche des salons. 'Un capucin ayant de l'esprit et faisant des vers paraissait un prodige. [...] Les grands se l'arrachaient. Il allait du Gouvernement à l'Intendance, de l'Intendance à l'Evêché, etc.', écrit Paulin Crassous. Des cercles moins huppés l'accueillirent aussi. Le 31 juillet 1793 encore, le directeur des Postes de Montpellier l'assurait de son dévouement: 'Vous que j'ai eu l'avantage de voir jadis chez le citoyen Allègre où j'écoutais avec intérêt vos agréables vers[23].'

Des vers? Ecrivait-il de nouveaux poèmes? Un prêtre carcassonnais de ses amis, Cazaintre, lui adressa une épître pleine de compliments mais l'accusant gentiment de paresse[24]. Venance répondit qu'il n'écrivait plus, étant 'au fond d'un cloître enseveli'. Mais nous savons que ce n'était plus vrai. Ses biographes portent 'à près de quatre cents le nombre des pièces fugitives échappées à sa muse facile'[25]. Carbonell affirme que son ami composait à la demande, offrait ses vers et n'en gardait point copie. Paulin Crassous a vu dans la cellule monastique de Venance à Montpellier des poésies licencieuses et des contes 'qu'il cachait dans sa paillasse'... Placé dans une position fausse de poète protégé par l'intendant, et de capucin toujours soumis à son ordre, espérant être un jour libéré de ses voeux, il ne fallait pas attirer l'attention par des publications intempestives. Les Toulousains s'attendaient à le voir présenter une nouvelle oeuvre aux Jeux Floraux. 'Je n'ai pas mis au concours de cette année, écrivait-il. D'ailleurs, une couronne, si je l'obtenais, ne saurait me dédommager de la perte de ma tranquillité que je préfère à toutes les auréoles académiques.' Il signait cette lettre 'Venance de Carcassonne, capucin clerc de l'académie de Lyon'[26]. Il ne négligeait donc pas ce genre de distinction. Après son admission comme correspondant du musée de Toulouse (dès le 1er mars 1788), le voici associé aux académies de Lyon (février 1789), d'Arras (octobre), de Rouen (novembre) et vraisemblablement au musée de Bordeaux. A Paris, en 1789, l'*Almanach des Muses* reprend *L'Ennui*, et le *Mercure de France* donne *La Veillée*. Venance est bien entré dans la République des Lettres[27].

Mais il cherche aussi une position sociale. On lui a proposé un travail de correcteur d'imprimerie et un emploi à l'intendance, mais cela

23 ADPO-21.

24 *Essais de poésie sur des sujets divers*, Carcassonne, 1828, et *Mercure de France*, 19 juin 1790.

25 M. Auger, *Mélanges...*, *op. cit.*, p. 278.

26 *Les Affiches de Toulouse...*, 29 avril 1789, dans Marfan, p. 60.

27 Voir Colloque 94, p. 212-214, et *Poètes audois*, p. 19-23.

ne lui convient guère. M. l'abbé de Fontenay à Paris, le secrétaire de l'académie de Lyon lui témoignent de l'intérêt, mais c'est bien vague. Tous, y compris l'archevêque de Narbonne, lui ont déconseillé de se faire ordonner prêtre, mais il est toujours tenu par ses voeux[28]. Ses protecteurs s'emploient à obtenir leur annulation...

Sa mère s'en afflige. Six lettres d'elle, entre le 2 septembre et le 20 décembre 1788, forment un document d'une extrême richesse que je regrette de ne pouvoir reproduire en totalité. Les extraits donneront une idée de ses sentiments, de son bon sens et de l'imbroglio dans lequel son fils se trouvait. Ce fils qu'elle connaît bien: 'Parce que vous êtes poète, vous n'avez pas toutes les qualités propres à la société' (4 sept.). 'Quel serait votre sort si, sortant des Capucins, vous étiez errant et poète?' (10 sept.). 'Ne vous exposez pas à revenir ici battre le pavé, c'est mon plus grand souci' (5 sept.). En négligeant son état de capucin, ne risque-t-il pas de tout perdre? 'Tenez-vous en garde. Bien des gens qui prennent intérêt à ce qui vous regarde pensent comme moi, c'est-à-dire que vous devez ménager les Capucins' (20 déc.).

'Faites une attention très scrupuleuse sur mes réflexions qui sont très bonnes et dictées par une mère qui fait presque tout son souci de votre sort et qui est cause de fréquentes insomnies. Les Capucins ne peuvent qu'être très indignés de tout ce qui se passe, de manière que, voyant que vos amis mettent tout en oeuvre pour noircir leur conduite à votre égard, [ils] ne laisseront pas impuni tout ce que vous leur causez de mépris. Le RP provincial m'a dit, et à bien d'autres, qu'il paierait les frais de votre sortie. D'autres capucins ont dit que bienheureux le moment où ils seraient débarrassés d'un si mauvais sujet. [...] Tous les capucins doivent être intéressés pour leur honneur de pouvoir vous reprocher quelque chose. [...] A ne regarder que la superficie, votre position est des plus heureuses; à vous dire vrai, elle est très flatteuse. C'est ce qui vous fait dire que vous êtes tranquille, et que vous m'exhortez à vivre en paix. Et moi, je prétends qu'elle est plus critique qu'elle ne l'a été depuis que vous existez. Car, quand l'on monte bien haut, on a plus de jaloux. Vous en avez les exemples par les grands hommes qui habitent les cours qui, avec bien du mérite [et] des protections, ont une triste fin, et leur chute est très douloureuse' (13 nov.).

28 Lettre de Venance à sa mère, 11 avril 1789, résumée dans Papiers Labouisse.

Et encore: 'Ce n'est pas, cher enfant, la première fois que vous avez traité de galimatias mes avis. Aussi vous me procurez la consolation de décharger ma conscience sur votre manière d'agir à mon égard. On vous a proposé mille partis. Je laisse à la providence le soin de vous éclaircir puisque vous me trouvez insuffisante' (10 sept.). 'Consultez bien un bon ami sur toutes ces raisons, et n'acceptez de sortir que vous n'ayez de sûrs garants d'un état solide. N'agissez pas en étourdi, que vous en seriez la dupe' (5 sept.). 'Vous désiriez un nom; vous y avez réussi' (20 déc.). 'Observez aussi que ce qui attire l'admiration dans les ouvrages d'un capucin perdra beaucoup de sa beauté sous une autre forme. J'attends votre réponse par le courrier impatiemment et suis, en tremblant sur votre sort, très cher enfant, votre bonne mère' (4 sept.). 'Faites-moi part de ce qui se passera de suite, car je suis dans l'huile bouillante' (10 sept.)[29].

Par l'intermédiaire de l'intendant et de M. de Cambis, commandant de la province, la demande d'annulation des voeux de Venance fut transmise au cardinal de Bernis, ambassadeur à Rome. Peut-être avait-on mis en avant le passage que le jeune poète avait consacré, dans *La Quête*, au grand homme d'Eglise, lui-même amateur de beaux vers. Carbonell et Isidore Dougados prétendent que ces démarches réussirent et que notre héros se trouva dégagé de voeux pesants. Le père Apollinaire estime qu'il n'en a rien été, et son argument est solide: s'il avait reçu un tel papier officiel, de Rome, Venance l'aurait conservé avec tous les autres; or ce n'est pas le cas. Ce que l'on sait du séjour avec la princesse Lubomirska confirme cette façon de voir. Il ne fut pas dégagé de ses voeux par le Pape; simplement, il profita de la décision de l'Assemblée nationale, en octobre 1789, de suspendre provisoirement les voeux monastiques, pour changer d'habit et se faire appeler 'l'abbé Venance'.

La princesse Lubomirska.

Parmi les épisodes de la vie de Venance, en voici un fameux qui met en scène un jeune poète, une belle princesse, de l'exotisme, une rupture, des larmes, une grosse somme d'argent... Que disent les biographes?

Saint-Surin n'en dit rien.

29 ADPO-139, 140, 143, 150, 164, 202.

C'est Paulin Crassous qui en parle le premier: la princesse Lubomirska 'affectionna' le poète, se l'attacha avec 'le titre de secrétaire, la table, le logement et mille écus d'appointements et l'emmena avec elle à Nice'; mais Dougados voulait jouer un rôle dans la Révolution naissante, la princesse essaya de le garder, 'elle s'attendrit même jusqu'à répandre des larmes'; en vain, mais elle lui fit le cadeau princier de 12000 francs (un ouvrier cordonnier gagnait 1,50 franc par jour)[30].

Carbonell affirme que la princesse 'conçut pour le jeune poète une véritable estime et bientôt une tendre amitié'. Au départ de Venance, elle versa les mêmes larmes. Mais la cause de ce départ, c'est que Dougados refusa d'aller jusqu'en Pologne. Et pas un mot des 12000 francs. Labouisse, qui publia la notice de Carbonell en avant-propos des *Oeuvres de Venance*, n'évoque pas personnellement cette forte somme. Pas plus qu'Isidore Dougados.

Les données qui précèdent appartiennent à la catégorie du témoignage indirect. Crassous et Carbonell rapportent ce que leur ami Venance leur a dit, ou ce que la rumeur publique laissait entendre. Isidore Dougados a recueilli des bruits de même nature à Carcassonne, bien après la mort du poète. Les biographes plus tardifs ne fournissent aucun document nouveau. Le père Apollinaire ne dit rien des 12000 francs. Marfan les reprend à son compte.

Les sources nouvellement découvertes permettent-elles d'y voir plus clair? Rappelons d'abord que la princesse Elisabeth Czartoryska, épouse de Stanislas Lubomirski, Grand Maréchal de la Couronne, était la cousine du roi de Pologne Stanislas Auguste Poniatovski. A la tête d'une fortune considérable, elle voyageait et fréquentait savants et artistes, possédant elle-même une belle collection de tableaux. Née en 1736, elle avait donc 53 ans en 1789 (la mère du poète était née en 1740). A Paris, où elle résidait depuis 1786, la journée du 14 juillet et les premières semaines de la Révolution l'avaient effrayée. Elle en partit le 12 août, pour Lyon; en septembre-octobre, elle se trouvait en Languedoc; le 17 novembre, elle arrivait à Nice. Le passeport de Venance, 'attaché à la princesse de Lubomirska', est du 5 janvier 1790. Le poète rejoignit donc la princesse à Nice, où elle avait déjà pris ses quartiers d'hiver avec sa suite à l'hôtel

30 D'après Raymonde Monnier, 'La misère des cordonniers', dans *L'Etat de la France pendant la Révolution*, sous la dir. de Michel Vovelle, Paris, La Découverte, 1988, p. 130.

Ribotti[31]. L'accord avait été conclu lors du passage de la princesse en Languedoc. Dougados en avait fait part à sa mère, qui répondit aussitôt (10 nov. 1789):

'Vous m'apprenez que vous avez dressé une police avec une princesse. Elle a contracté des obligations, et vous n'en avez d'autres que d'être heureux. Heureux dans une cour! eh, peut-on l'être? Surtout avec votre mince politique, la main me tremble en vous écrivant. Oui, cher enfant, je crains de ne plus vous voir, mais ce serait encore un petit mal si je ne craignais votre apostasie. Rappelez-vous au moins, cher enfant, que vous êtes chrétien. [...] Tenez-vous en garde sur les dangers d'une cour. Quelle jalousie, quelles séductions, quelle chute si vous tombez de si haut! Enfin, vous êtes si fort accoutumé à mes avis que je crains que vous n'y fassiez point attention. Mais vous risquez d'en être la dupe. Je suis mère, mes sollicitudes sont bien naturelles. Quoique vous me disiez que vous ne nous oublierez pas à proportion de vos facultés, je vous avoue que, quoique nos besoins soient urgents, je ne voudrais pas vous exposer à la plus petite bassesse. Vous connaissez nos facultés qui diminuent à proportion de l'âge et de la rareté de l'ouvrage et cherté des vivres, mais n'importe. Ne faites pour nous soulager que ce que votre bon coeur et reconnaissance vous inspireront. Vous savez que je tiens beaucoup à savoir de vos nouvelles, ne m'en privez pas souvent, surtout dans cette circonstance.'

Dès le lendemain, elle reprenait la plume:

'Cette dame vous donne six cents francs pour vos menus plaisirs, mais les habits sont-ils compris dans ces plaisirs? Dans ce cas, vous ne pourriez pas nous donner de grands secours, à moins que vous ne receviez des présents particuliers, ou que vous fassiez l'aveu à la dame que vos parents ne sont pas à leur aise. Peut-être ignore-t-elle qui vous êtes. Mais encore, comment cette dame, si elle vous connaît de si peu de temps a pu s'engager à vous donner ces avantages pour toute votre vie? Son fils a un gouverneur; lui sert-il de précepteur? ou cette affaire vous regarde? ou serez-vous le secrétaire de la dame? Et vous dites que vous n'aurez rien à faire! Voici un plan qui, avec votre naïveté, sera un peu difficile. Il faut plaire à la dame, être flatteur sans bassesse. Il faut avoir cette douceur, aménité, que ces personnes prétendent avoir droit d'exiger. [...] C'est un de vos devoirs indispensables d'être exact dans la vôtre [religion], quand

31 *Poètes audois*, p. 18, portrait de la princesse en 1757 par Bacciarelli; p. 67, notice d'Eva Bobrowska, conservateur de la Bibliothèque polonaise, Paris. Passeport : BM Carcassonne, Autographes 1953.

même elle serait protestante. Un apostat est toujours méprisé, sans préjudice de la main invisible qui le terrasse à coup sûr. [...] Je vous prie donc de me donner un détail de tout ce que je vous demande, et vous y joindrez ce que vos facultés vous permettront, car à vous dire vrai les affaires se passent bien mal à Carcassonne[32].'

Jean-François a répondu à sa mère, mais on n'en conserve que le résumé fait par Labouisse: 'il est et sera toujours chrétien; la princesse est catholique; il ne sera ni son valet, ni son flatteur' (13 nov.). Deux mois plus tard, de Nice, d'après la même source: 'son parti est pris; il suit en Pologne la princesse Lubomirska; il est ravi de son sort'. Il écrit à ses amis de Montpellier. Daru répond en vers de mirliton. Dans la lettre de Chaptal, on comprend que la princesse et sa suite vont partir pour l'Italie ('ne passez pas à Naples sans voir le chevalier Hamilton, ambassadeur d'Angleterre, c'est un très excellent observateur, dont la conversation doit être précieuse'). Mais, dans une lettre du 8 avril à sa mère (ou à l'abbé Cazaintre, les brouillons de Labouisse ne sont pas clairs), il annonce qu'il veut quitter la princesse: 'il parle de revenir, il craint de s'expatrier, le royaume de Pologne l'afflige et lui fait peur'. La lettre de Daru du 17 juin, adressée à Nice, est renvoyée à Carcassonne. En juillet, on a la certitude qu'il est déjà rentré[33].

Que s'est-il donc passé? Quelles sont les causes d'un retour aussi rapide et imprévu? La princesse a-t-elle versé des larmes et 12000 francs?

L'histoire confirme que le fils du cordonnier a fait partie de la suite de la princesse, qu'il a vécu un hiver dans son entourage sur la 'Côte d'Azur'. Pour le reste, avec toutes les excuses indispensables lorsque l'on brise une légende, eh bien, il faut la briser. Trois lettres du marquis de Roquefeuil à Venance Dougados, trois simples lettres y suffiront. En les lisant, on découvre la cause de la rupture: 'Vous avez fait la plus grande de toutes les sottises de vous présenter à la princesse sans avoir pu vous dégager de vos voeux. Vous le lui avez toujours caché, et cela n'est pas bien.' La princesse refusa alors de conserver son secrétaire. Une discussion s'engagea sur un dédommagement. Nouvelle gaffe: 'Vous avez fait valoir qu'elle vous avait fait renoncer à la pension que vous aviez de droit en restant à votre couvent. Cela l'a infiniment choquée.' Venance dut partir là-dessus, sans rien obtenir. Le marquis de Roquefeuil, quel que soit son attachement pour le poète, ne peut s'empêcher de s'exclamer:

32 ADPO-216 A et B (10 et 11 nov. 1789).

33 Papiers Labouisse (13 nov. 1789, 15 janv. et 8 avril 1790) ; ADPO-163 (Chaptal), 84 et 211 (Daru).

'Comment, avec tant d'esprit, a-t-on si peu de tête, si peu de jugement?', et de lui reprocher, en outre, ses vantardises à son retour en Languedoc: 'On me demande ici [à Béziers] s'il était vrai que la princesse vous eût donné 12 mille francs, que vous l'aviez assuré.' Evidemment, si Venance avait touché une telle somme, il n'aurait pas chargé Roquefeuil de plaider sa cause auprès de la princesse afin d'intéresser 'sa sensibilité et sa justice pour [lui] obtenir quelques moyens'. Le 26 juillet 1790, première réponse négative: 'C'est avec une peine extrême que j'ai à vous annoncer que la princesse ne m'a absolument rien remis pour vous qu'un billet que je joins ici.' Le billet, sur un joli papier bordé d'un double liseré bleu et rouge, dans une enveloppe assortie, ressemble à un certificat remis à un domestique: 'D'après les témoignages qui nous sont venus de toutes parts, je n'hésite point sur le Père Venance. Il est hors de doute que c'est un homme d'esprit et il paraît aussi bien prouvé que c'est un bon sujet.' Le 2 janvier 1791 encore, la réponse négative se précise: 'C'est avec peine, mon cher abbé, écrit Roquefeuil, que je suis obligé de vous faire toujours la même réponse sur vos intérêts. Nous n'entendons plus parler de la princesse. Je crois même que nos justes représentations auprès d'elle relativement à vous lui ont fait rompre non seulement un voyage d'Italie que vous savez que nous devions faire ensemble, mais même tout commerce qui put nous apprendre le lieu qu'elle habite.' Ces documents se passent de commentaire[34].

Labouisse affirme que la princesse Lubomirska avait conservé les manuscrits des oeuvres du poète (combien? lesquelles?), qu'elle les envoya 'de Chambéry à son banquier à Paris, pour les remettre à Venance. Le général Dumouriez, alors ministre, les reçut par procuration. On ignore ce qu'ils sont devenus.' On aimerait savoir sur quoi s'appuie Labouisse pour affirmer cela, mais il ne le dit point. De la même façon, dans ses brouillons, on trouve les phrases suivantes, isolées, sans mention de source: 'Chabot fut chargé de retirer en 1792 les 6000 francs dus par la princesse. Dumouriez, ministre, s'était chargé de cette affaire. Son successeur Lebrun la termina. Chabot reçut l'argent. J'ignore ce qu'il devint[35].' Labouisse se fait-il l'écho d'une confidence de la mère de Venance? Cela prouverait que le poète n'avait pas renoncé à obtenir

34 ADPO-146, 172, 217, 227. Mot de la princesse et enveloppe reproduits en couverture de Colloque 94.

35 *Oeuvres de V.*, p. 19; Papiers Labouisse. Que la princesse ait conservé les manuscrits expliquerait, peut-être, l'absence quasi totale de ses poèmes dans les papiers de Dougados.

quelque chose. Mais un témoignage aussi vague ne prouve pas que la princesse ait payé, ni que Chabot ait touché. Une seule certitude: Venance, lui, n'a rien reçu.

Il doit se contenter de satisfactions littéraires. Sur la lancée de ses succès de 1788 et 1789, sa renommée se conforte dans les périodiques parisiens. En 1790, l'*Almanach des Muses* publie *La Veillée*, avec une coquille d'imprimerie ('par le feu père Venance') qui suscite l'émotion de ses amis. Le *Mercure de France* donne trois poèmes de Venance ou adressés à Venance en mai, juin et juillet 1790. Mais Pierre Daru, esprit pondéré, relativise cette apparente célébrité: 'Je vois tous ceux qui reçoivent le *Mercure* sauter précipitamment les madrigaux, les contes de M. Marmontel, les jugements de M. de La Harpe et même les logogriphes, pour en venir à la partie politique, et, ma foi, ils n'ont pas tout à fait tort. Un décret intéresse bien plus qu'un madrigal quoiqu'il ne soit pas toujours aussi bien tourné[36].'

On ne saurait mieux annoncer l'évolution de Dougados lui-même, de la poésie légère vers le discours de club et la motion patriotique.

Dougados et la Révolution

Malgré les conseils de prudence de ses amis Cazaintre et Daru, Dougados se lança dans le mouvement. Sans doute avait-il besoin de s'activer, d'être écouté et applaudi. Il était aussi un homme des Lumières, lecteur de Rousseau, formé à l'admiration des actes de civisme de l'antiquité. Un fils de cordonnier n'est pas déterminé à devenir un révolutionnaire; la fréquentation de la famille d'Alzau, les séjours au château du Py ou à Nice l'avaient fort satisfait. Mais, comme dans le cas d'André Chénier et de Rousseau lui-même, ses rapports avec la noblesse étaient ambigus. Pouvait-on n'être jamais que le protégé ou l'attaché? Persécuté par une hiérarchie monacale, le ci-devant père Venance incarnait aussi la révolte au nom de la liberté contre l'obscurantisme. Il prononça des discours en faveur du serment des prêtres à la constitution civile du clergé, sur 'la nécessité des Lumières dans un Etat républicain', sur les moyens de faire reculer la misère, etc.[37]

N'ayant pas reçu la forte somme de la princesse, n'ayant pas réussi (semble-t-il) à toucher la pension d'ancien ecclésiastique, il fallait vivre.

36 ADPO-84 (17 juin 1790).
37 ADPO-81, 265, 340, etc.

Venance Dougados fut nommé professeur d'éloquence au collège de Perpignan. Durant les vacances de l'été 1792, il se trouvait dans sa ville natale lorsque le conflit traditionnel entre la bourgeoisie, favorable au libre commerce, et le peuple, angoissé par la pénurie, dégénéra en émeute sanglante à propos de la circulation de barques chargées de blé sur le canal de Languedoc. Des modérés accusèrent l'orateur de club d'en être responsable, ce que les documents ne confirment pas. Mais la calomnie fut peut-être cause de l'échec de Dougados, candidat en septembre à l'élection à la Convention. Un peu plus tard, il fit un nouveau séjour à Nice comme aide de camp du général d'Anselme qui venait de s'emparer de la ville. La sensibilité du poète aurait été heurtée par les exactions des soldats. Il revint enseigner à Perpignan.

Mais la guerre allait le rattraper, marquer l'année 1793 et sceller son destin. Lors de l'avance des Espagnols, Dougados est capitaine élu de la garde nationale; il devient aide de camp à l'armée des Pyrénées-Orientales. Certains papiers annoncent une inflation de grades qu'on lui donna, qu'on lui promit, qu'il espérait... Certaines notices de dictionnaires (aberrantes) le présentent comme 'poète, moine et général français'! Sa mère voyait les choses autrement: 'Je reçus votre lettre, cher enfant, avec la satisfaction accoutumée. Mais que j'ai du regret de voir votre résolution d'accepter une place qui vous expose bien plus qu'à une autre! Votre vue basse, ne sachant pas vous tenir à cheval, et la guerre inévitable avec toutes les puissances... Ce n'est pourtant pas que je sois fâchée que vous soyez utile à la patrie. Mais vous le serez bien par l'instruction qui est bien nécessaire[38].'

Avril 1793. Dougados est envoyé en mission autour de Carcassonne afin d'encourager la levée de volontaires. Par la même occasion, grâce au 'piston' de son ami Chabot, représentant de la Convention, il obtient à Castres un poste de professeur qu'on lui avait préalablement refusé[39].

Mai 1793. Nouvelle mission, à Paris cette fois, pour demander le renforcement de l'armée des Pyrénées-Orientales. Dans la capitale, Dougados se fait tirer le portrait au physionotrace. Il se rend à l'Opéra avec un billet de faveur obtenu grâce à Chabot. Les journées révolutionnaires des 31 mai et 2 juin contre les Girondins l'indignent parce que la députation nationale a été avilie par la force des armes, et

38 ADPO-301 (s. d., adressée au Citoyen V.D. aide de camp capitaine de l'armée des Pyrénées).

39 Voir R. Cazals, *Autour de la Montagne Noire au temps de la Révolution*, Carcassonne, CLEF89, 1989.

parce que ses sympathies politiques vont au parti vaincu. Dès lors se met en marche la machine qui va le broyer. Il favorise l'évasion du député Birotteau et se rend avec lui à Lyon en révolte ouverte contre la Convention. Dougados se laisse entraîner par ses convictions et par sa certitude que les citoyens de Perpignan les partagent. Il jalonne son retour de propos hostiles aux Montagnards, à 'ce fragment de Convention'. Il est dénoncé par la société populaire de Béziers. A Perpignan même, le danger espagnol interdit de se dresser contre Paris et de cautionner les discours imprudents de Dougados qui est arrêté le 13 août. C'est à ce moment que le juge Fromilhague saisit tous ses papiers, documents fondamentaux pour esquisser la biographie du poète.

A ce récit, on voit que le malheur de Dougados n'a strictement rien à voir avec une supposée hostilité de Chabot. Par ailleurs, les papiers saisis prouvent que les deux hommes ont conservé leurs liens d'amitié. En faveur de l'ex-père Venance, il fut tout naturel de solliciter l'intervention de l'ex-père Augustin. Mais celui-ci, lui-même suspect, ne put rien faire. Il était incarcéré avant que son ami n'arrive à Paris, envoyé devant le Tribunal révolutionnaire[40].

Venance fut d'abord transféré dans les prisons de Carcassonne où ses concitoyens manifestèrent, selon les cas, un peu de haine et beaucoup de sympathie. Le 10 octobre, il en partait, sur une mauvaise charrette, surveillé par les gendarmes. Il rédigea alors son *Voyage de Carcassonne à Paris*, récit émouvant dont le ton tragique contraste avec le *Voyage* qui avait assuré sa renommée littéraire. Pendant quatre-vingts jours, avec quelques arrêts assez longs, notamment à Montauban, il va subir les mauvais traitements des gendarmes et des geôliers, dans l'incertitude sur l'issue du procès[41].

Ce dernier texte de Dougados fournit aussi des éléments biographiques. Il reçut ses confidences intimes et nous transmet le souvenir d'Augustine, avec qui Venance eut une brève liaison; celui d'Angélique à qui il avait promis le mariage; celui de Marguerite Martelli, évoquée dans la description d'une scène touchante; celui enfin de la 'femme qui cherche à exprimer les sentiments d'un coeur vivement

---

40 Voir dans Colloque 94 les communications de Michel Cadé, 'La vie politique dans les Pyrénées-Orientales en 1793: les limites d'une dérive fédéraliste ou l'erreur de Venance Dougados', et de Georges Fournier, 'Venance Dougados et le 'fédéralisme' languedocien'.

41 Rappelons que ce texte, massacré par Labouisse, a été retrouvé et donné en version intégrale par Marfan.

pénétré' (comme le note le juge dans l'inventaire des papiers saisis). Faut-il entrer par effraction dans la correspondance de cette femme? Tout en restant discret, le biographe doit en retirer quelques éléments, acte d'autant plus nécessaire que ses prédécesseurs ont donné une fausse image de leur héros. Labouisse n'a rien voulu savoir des amours de Venance. Marfan s'est trompé en pensant que l'épistolière passionnée était Angélique Dubrun. La maîtresse de Dougados à Perpignan en 1793 était une femme mariée qui eut le coup de foudre pour l'orateur du club ('je vole à la société pour voir mon idole, oui mon idole'). Ils ne pouvaient se rencontrer aussi souvent qu'elle le souhaitait, aussi écrivit-elle 95 lettres, la plupart du temps transmises par une jeune servante[42]. C'est là qu'elle exprima cette passion dévorante, mêlée de jalousie: 'Crois-tu que je voie d'un oeil froid celle qui m'a dit 'J'aime Dougados'? Crois-tu de bonne foi que mon sang n'ait pas bouillonné dans mes veines en entendant ce langage?' Ailleurs enfin: 'Quand je pense qu'il te ferait autant de plaisir qu'à moi, un petit Venansou accomplirait le bonheur de ma vie.'

'Vous savez que mes papiers ont été saisis et lus; on y a trouvé la correspondance la plus ardente avec cette personne que vous voyez depuis désignée par l'opinion.' Cette phrase nous apprend que sa liaison n'était pas restée secrète. Il l'a écrite dans les dernières pages de son *Voyage de Carcassonne à Paris*, trois jours avant son arrivée à la prison de la Conciergerie.

Le Tribunal révolutionnaire, on le sait, était expéditif. Dougados rappela son passé ('j'étais républicain, je ne dis pas avant le 10 août, mais avant 1789'), mais il y avait contre lui sa participation à l'évasion de Birotteau et à la rébellion de Lyon, et les interventions hostiles à la Convention qu'il fit à Montpellier, Béziers, Perpignan. Venance Dougados fut condamné à mort le 24 nivôse an II, et exécuté le lendemain (14 janvier 1794).

---

42 ADPO: pièces dispersées dans l'ensemble des papiers, avec un lot principal de 61 lettres coté n° 233.

Vie posthume de Venance

(Bibliographie)

La Décade philosophique (BN Paris, cote Z 23201)

La Décade philosophique, littéraire et politique a accueilli sous le Directoire deux notices biographiques 'sur le citoyen Dougados, plus connu sous le nom de père Venance, capucin'. La période de la Terreur était passée. On pouvait évoquer 'la foule des victimes égorgées par nos cruels oppresseurs', et parmi elles cet 'infortuné jeune homme'.

Le 20 messidor an V, 8 juillet 1797 vieux style, Saint-Surin, professeur d'histoire à l'école centrale de la Charente, fit une courte présentation de Venance. Il affirmait remplir un devoir, celui de rappeler le souvenir d'un poète, un ami qu'il avait connu à Perpignan. Témoignage intéressant sur l'aspect physique de Dougados, ses lectures, appréciation favorable de sa vie et de son oeuvre, il ne mentionne cependant pas *La Quête*.

Le numéro suivant (30 messidor, 18 juillet) publiait une lettre de Paulin Crassous qui avait connu Dougados à Montpellier. Lui aussi était un ami, lui aussi avait reçu des confidences, mais son témoignage voulait être plus nuancé quant à la valeur de l'oeuvre. P. Crassous nous dit avoir pris copie de *La Quête*.

Labouisse

A Paris, chez Delaunay, libraire au Palais Royal, était disponible en 1810 un petit livre de format 9x15 intitulé *Oeuvres de Venance*, publiées par M. Auguste de Labouisse (252 pages dont 57 de préface). L'objectif de l'éditeur était double: 'servir une infortunée', c'est-à-dire secourir la mère du poète; 'restaurer une réputation littéraire qui allait tomber dans l'oubli'. Le premier but fut atteint. Labouisse paya les frais d'impression. Madame Dougados devait recevoir au fur et à mesure les bénéfices de la vente; Labouisse les lui versa même d'avance. A la veille de 1810, une information fraîche sur Venance pouvait encore être recueillie. Labouisse profita de témoignages (Mme Dougados, divers hommes de lettres ayant connu son fils), de papiers (lettres de Jean-François à sa mère, manuscrits de poèmes et autres oeuvres). Il inséra dans sa préface une longue notice due à A. J. Carbonell, professeur à Perpignan, et, du même auteur, un *Tombeau de Venance* en vers (6 pages à la fin du volume). Pas plus que ceux de Saint-Surin et P. Crassous, le témoignage de Carbonell n'est exempt d'erreurs. Il place *L'Ennui* avant *La Quête* dans la chronologie. Surtout, il lance le thème de Chabot persécuteur de Dougados, thème dont l'inanité est prouvée par une biographie mieux documentée. Encore fallait-il provoquer et publier la notice de Carbonell: Labouisse l'a fait.

Un autre apport positif de Labouisse, c'est d'avoir fait taire un certain J. M. de Ferrière qui, possédant une copie de *La Quête*, s'en prétendait le véritable auteur (voir dans les *Œuvres de Venance* p.19-40). Cela dit, les critiques à adresser à Labouisse sont nombreuses. Lorsqu'il affirme, il ne donne pas ses sources. Il me semble que, des témoins vivants, on pouvait obtenir bien plus qu'il ne l'a fait. Surtout, comme je l'ai montré ci-dessus, il a réécrit l'oeuvre de Venance, y compris *La Quête*. Labouisse préparait une deuxième édition en 1823-24. Il l'a annoncée dans un journal local de Castelnaudary, *L'Anecdotique*, du 17 décembre 1823, texte repris dans son livre *Voyage à Rennes-les-Bains*, Paris, 1832, p. 631-636, où, pour répondre à des attaques, il explique comment il a conçu son oeuvre de bienfaisance. Il signale l'erreur de diverses notices affirmant, en se copiant l'une l'autre, qu'un recueil de *Poésies légères* de Venance avait paru à Nice en 1806. D'un autre côté, il s'enferre dans le thème de la haine de Chabot: 'Parmi ses supérieurs, il [Venance] n'eut guère à se plaindre que du fameux Chabot, Conventionnel régicide, qui se trouva être plusieurs fois son rival.' L'origine de cette obsession est-elle chez Carbonell, chez un autre correspondant? Vient-elle d'une sorte de défoulement de la famille Dougados, à partir de critiques adressées par Venance lui-même à Chabot, et mal interprétées? Le légitimiste Labouisse était prêt à la faire sienne.

La deuxième édition ne vit pas le jour. Quels que soient ses énormes défauts, la première marque une étape importante. Venance retrouvait quelque notoriété; lui qui voulait se faire un nom avait désormais le sien sur la couverture d'un livre. Les notices ultérieures vont se référer à Labouisse. C'est le cas de celle de la *Biographie Universelle* de Michaud, tome 43. Son auteur, Sicard, précise en outre qu'il a connu Dougados à Montpellier et qu'il a détenu une copie manuscrite de *La Quête*. Même référence à Labouisse dans 'Venance', par M. Auger, *Mélanges philosophiques et littéraires*, Paris, 1828, tome 2, p. 274-279, texte déjà paru en 1812 dans le *Journal de l'Empire*, en écho à l'édition Labouisse. Enfin, à une date indéterminée, mais vraisemblablement sous le Second Empire, l'imprimeur Abeilhou, de Castres (Tarn), publia *La Quête du Blé*, précédée d'une biographie prise directement dans Labouisse et Carbonell. Pourtant, ce texte de *La Quête* n'était pas celui de Labouisse, mais d'un manuscrit communiqué 'par un petit-neveu du poète, M. Dougados de Labruguière' (cette édition se trouve aux Archives du Tarn, cote Biblio C-2168-4).

Isidore Dougados

Sans rapport de parenté directe avec notre poète, cet avocat carcassonnais, futur maire de la ville (1874-1876), écrivit deux articles sur Venance dans la *Mosaïque du Midi*, 1841, p. 153-159, et la *Revue de l'Aude*, 1846, p. 69-86. Lui aussi se sert de Labouisse, pour la biographie et pour les extraits du *Voyage de Carcassonne à Paris*. Mais il interrogea des Carcassonnais ayant connu Venance, membres survivants de sa famille ou anciens amis: 'Quelques-uns, vieillards aujourd'hui chargés d'années, vivent encore. Plus d'un demi siècle s'est écoulé depuis que la mort les a séparés de lui, et ils versent encore des larmes à son souvenir.' C'est Isidore Dougados qui raconte les anecdotes des vers à la Sainval, de la colère du curé Samary, que des documents fiables sont venus confirmer. Il commet cependant quelques erreurs. Il s'acharne contre Chabot sans apporter aucune 'preuve' que l'on pourrait discuter et renverser. Pour faire bonne mesure, il affirme, toujours sans citer ses sources, que Venance a fait remettre le texte du *Voyage de Carcassonne à Paris* à Robespierre pour attirer son attention sur son cas. 'L'impassible dictateur' l'aurait parcouru, aurait froncé le sourcil et conclu: 'Celui-là a grande envie de mourir!' Il me semble que la remise du manuscrit à Robespierre est peu probable, pas invraisemblable toutefois. Mais quel est le témoin qui a vu 'le dictateur' froncer le sourcil et qui a recueilli ses paroles?

Marfan écrit qu'à la mort de Labouisse, en 1851, son héritière a rassemblé tous les papiers de son père concernant Venance et les a transmis à Isidore Dougados. Celui-ci avait alors d'autres occupations et n'utilisa pas cette documentation.

Pour mémoire, signalons l'article de l'*Illustration du Midi* (25 sept. 1864), dans sa 'galerie biographique du midi de la France'. L'évocation de Dougados n'est qu'un résumé de l'article de la *Mosaïque*, illustré de la même mauvaise copie du portrait du poète. Mais il enfonce le clou Chabot-Robespierre. 'L'impassible dictateur' devient 'le sauvage et implacable dictateur'. Celui-ci parcourt le texte de Dougados. Fronce-t-il le sourcil? On ne nous le dit pas, mais sa conclusion reste la mort. Et Chabot? En ce moment, affirme le périodique, il était 'en faveur auprès de Robespierre'; 'on assure qu'il confirma Robespierre dans sa première pensée'. Or, l'histoire nous apprend que Chabot, l'antithèse de l'Incorruptible, était en prison depuis cinq jours lorsque Dougados arriva à Paris.

Le père Apollinaire

Capucin, historien de son ordre, le père Apollinaire de Valence a glissé une notice 'Venance Dougados', en français, en appendice d'un ouvrage en latin, *Bibliotheca Fratrum Minorum Capucinorum Provinciarum Occitaniae et Aquitaniae* (Rome-Nîmes, 1894, p. 143-159), texte publié à part dans la *Revue du Midi* (Nîmes, oct. 1893, p. 254-283).

Venance n'a pas eu droit à une notice en latin, ce qui présente tout de même quelque avantage pour le lecteur moyen. Marginal, il est un 'fils prodigue et ingrat, qui a flétri la religion, sa mère.' *La Quête du Blé*, par exemple, témoigne d'un 'défaut absolu de piété et de sens religieux'. Les pages du père Apollinaire condamnent les attaques portées contre le corps des Capucins par les précédents biographes, en particulier Isidore Dougados. Son plaidoyer pro domo lui fait commettre une erreur sur le contenu de la correspondance des supérieurs de Venance.

En dehors de ce parti pris, Apollinaire témoigne de qualités d'historien. Il est le premier à chercher et à donner la date exacte de la naissance du poète. Avec bon sens, il détruit la légende de la haine de Chabot et conclut: 'Les crimes dont Chabot s'est couvert ne donnent pas à l'historien la liberté de lui en attribuer un de plus sans preuves.' Enfin, Apollinaire est aussi le premier à être allé voir le dossier Dougados dans les archives du Tribunal révolutionnaire (Archives nationales, Paris, cote W309, dossier 407) et à en reproduire les pièces à la suite de son propre texte.

Albert Marfan

Fonctionnaire à la retraite, A. Marfan se fixa à Castelnaudary, sa ville natale, et se passionna pour l'histoire régionale. Son livre, *Venance Dougados, 1763-1794. Un jeune poète victime de la Révolution*, a été publié en 1938 par l'éditeur toulousain Privat. Cet ouvrage de 380 pages contient de longues digressions peu utiles sur la Révolution en général; il intègre de larges citations de *La Quête* et du *Voyage de Carcassonne à Paris* dans son propre texte, et il reproduit intégralement ces oeuvres en appendice, ce qui fait double emploi. Marfan a lu ses prédécesseurs, notamment Apollinaire. Il ne commet pas l'erreur sur le rôle de Chabot. Mais il se trompe à propos des amours du poète, il avance à la légère des diagnostics médicaux, il croit aux 12000 francs de la princesse...

Tout en critiquant, à juste titre, les méthodes de Labouisse dans l'édition et la falsification des textes de Venance, il nous livre une *Quête du Blé* identique à celle de 1810, avec même quelques fautes d'inattention supplémentaires. Par contre, et c'est son apport décisif, Marfan reproduit la version exacte et intégrale du dernier manuscrit de Dougados, le *Voyage de Carcassonne à Paris*. Il publie également (avec des erreurs) l'inventaire des pièces saisies au domicile du poète, liste passionnante qui aurait dû le mettre en quête des documents eux-mêmes.

Publiée en 1967, signée J. Domergue, la notice du *Dictionnaire de biographie française* (dirigé par M. Prévost et Roman d'Amat) s'appuie sur le livre de Marfan.

Les deux bicentenaires

En 1989, je publiais *Autour de la Montagne Noire au temps de la Révolution* (Carcassonne, CLEF89, 200 pages), livre constitué d'une série d'épisodes authentiques, vécus dans cette région entre 1774 et 1799. Venance Dougados était le héros de deux chapitres, l'un composé autour de *La Quête du Blé* de 1786, l'autre autour du *Voyage de Carcassonne à Paris* de 1793. A la même époque, Georges Fournier rédigeait la notice Dougados du dictionnaire biographique *Les Audois* (dirigé par R. Cazals et D. Fabre, Carcassonne, 1990). Livre et notice apportaient des éclairages tirés de documents d'archives publiques, mais s'appuyaient encore principalement sur Marfan.

L'exposition et le colloque de 1994 commémoraient la mort de trois poètes audois: Venance Dougados (14 janvier 1794), Fabre d'Eglantine (5 avril), André Chénier (25 juillet). Très riche sur Chénier et Fabre, moins sur Dougados, l'exposition montrait cependant une série de documents: manuscrits de *La Quête* et de *L'Ennui*; diplômes de sociétés populaires; portraits de Venance, de la princesse Lubomirska, etc. Dans l'introduction historique au catalogue de l'exposition (*Poètes audois dans la tourmente*, Musée des Beaux-Arts et Bibliothèque municipale de Carcassonne, Archives départementales de l'Aude, 1994, 100 pages), je tentais de présenter les trois poètes *ensemble* dans la société d'Ancien Régime, la République des Lettres et la Révolution.

Les Actes du colloque international de mai 1994 à Carcassonne sont publiés sous le titre *Venance Dougados et son temps. André Chénier. Fabre d'Eglantine* (Carcassonne, Les Audois, 1995, 224 pages). J'ai cité plus haut les biographes qui, ayant trouvé aux Archives nationales la liste des papiers saisis lors de l'arrestation de Dougados, n'avaient pas eu l'idée d'aller chercher les documents eux-mêmes là où ils devaient être, à Perpignan aux Archives départementales des Pyrénées-Orientales (cote Lp 234-235, près de 450 pièces). Je voudrais redire ici 'l'émotion de l'historien devant cette masse de manuscrits. [...] Emotion surtout si l'on réfléchit que la conservation de cette information pour l'histoire eut pour prix la liberté, puis la vie de Venance.' L'exploitation de ces papiers m'a fourni un éclairage nouveau sur la vie du poète, ses relations avec Chabot et ses supérieurs capucins, sa recherche d'une position sociale et de la notoriété littéraire, sa volonté de jouer un rôle dans les événements révolutionnaires.

D'autres communications au colloque permettaient de replacer Dougados dans son époque: celle de Claude Marquié sur sa ville natale; de Bernard Dompnier sur la remise en cause de la mendicité des Capucins; de Michel Taillefer et Jean Delmas sur la vie culturelle dans les provinces méridionales; de Michel Cadé sur la vie politique dans les Pyrénées-Orientales en 1793; de Georges Fournier sur la notion de 'fédéralisme' languedocien. D'autres étaient centrées plus précisément sur André Chénier (Georges Buisson, Elisabeth Jackson, Renata Carocci) et Fabre d'Eglantine (Régis de La Haye, Jean-Noël Pascal, Judith Proud), voire sur Marie-Joseph Chénier (Malcolm Cook) et Roucher (Edouard Guitton). Michel Vovelle concluait: 'Par les comparaisons élargies qu'elle suscite, par les nécessités d'une mise en contexte, dans l'espace et le temps, elle [la démarche du colloque] a fait revivre une aire culturelle, des milieux sociaux, un climat politique. Des dernières décennies des Lumières au moment de vérité que représente l'épreuve révolutionnaire, elle identifie une séquence à laquelle elle donne tout le poids humain d'une rencontre de destinées.'

Les contacts pris à l'occasion du colloque faisaient réapparaître les 'Papiers Labouisse', souvent cités dans les pages qui précèdent, accumulation disparate de résumés de lettres de Jean-François Dougados à sa mère, de lettres reçues par Labouisse, de notes diverses parmi lesquelles l'aveu d'avoir réécrit à sa façon l'oeuvre de Venance. Ces papiers (ainsi que la plaque de cuivre du portrait de Venance au physionotrace) sont passés de Labouisse à Isidore Dougados, puis à Mme Reynès qui a accepté de les donner aux Archives de l'Aude (cote 3-J-1699). Malheureusement, les lettres originales du poète et les manuscrits de ses oeuvres, consultés par Labouisse, manquent toujours.

Pour préparer cette édition de *La Quête du Blé*, j'ai mis la main sur cinq manuscrits dont les caractéristiques sont présentées plus haut. Un de ces textes fait partie d'un ensemble de poèmes de Venance, dont certains ont échappé à Labouisse.

Perspectives

Il reste à retrouver les lettres originales de Jean-François Dougados à sa mère, le manuscrit unique du *Voyage de Carcassonne à Paris*, d'autres versions de *La Quête*, les poèmes dont une brève note de Labouisse nous dit qu'ils sont passés des mains de la princesse Lubomirska en celles de Dumouriez, d'autres vers encore, que Venance distribuait çà et là, les mentions de Dougados dans correspondances, mémoires, discours d'académies... Il reste à réaliser une étude poussée de ses textes de l'époque révolutionnaire. Les perspectives de recherche demeurent très larges.

Quelques opinions de contemporains

* Le voyage d'un quêteur ne peut que présenter des détails agréables et des contrastes intéressants, mais l'exécution m'en paraît difficile. L'auteur est obligé de créer son genre. De tous les *Voyages* que nous avons, il n'en est aucun qui puisse lui servir de modèle. (M. de Farenc, 1786)

* Cet ouvrage [*L'Ennui*] est abominable. Il renferme des principes contre les moeurs et contre la religion d'une manière révoltante, quoique malheureusement en assez jolis vers. (Samary, 1788)

* Quel talent pour la poésie! Voyez comme le poète sait varier ses couleurs, comme il entend l'art des contrastes, avec quelle fraîcheur il décrit les richesses de la nature! (abbé de Fontenay, 1788)

* Observez aussi que ce qui attire l'admiration dans les ouvrages d'un capucin perdra beaucoup de sa beauté sous une autre forme. (Votre bonne mère Dougados, 1788)

* Mon inclination me portera toujours à témoigner de l'estime au vrai talent, et votre élégie en a toute l'empreinte. (Sabatier de Castres, 1789)

* Oui, Monsieur, je me souviens très bien de vous, de vos talents, et je n'ai certainement pas oublié ni le plaisir que vous m'avez fait à Toulouse, ni celui que j'ai goûté en voyant la capitale applaudir aux journaux qui rendaient compte de vos ouvrages. On ne pouvait guère accorder le génie qu'on y trouvait avec l'ignorance et la crasse du froc. On croyait que le titre de capucin n'était qu'une coqueterie du Parnasse, et je me suis doublement trouvé heureux de pouvoir rendre justice à vous et à la vérité. (Cailhava, 1790)

* Je me compte avec plaisir au nombre de vos lecteurs sensibles. (Mme Panckoucke, 1790)

* Vous viviez à Carcassonne, vous étiez capucin loin de tout secours, et malgré ces obstacles vous avez tiré de votre propre fonds des productions

qui ont étonné. D'après ces premières de votre génie, je ne doute nullement que vous ne soyez appelé à la poésie. (Lemierre, 1790)

* Je ne suis ni flatteur, ni enthousiaste, et si je pensais que la carrière des lettres ne fût pas votre vocation, je vous en détournerais avec le même zèle que j'emploie pour vous y engager. (Chaptal, 1790)

* Lorsque, dans le sacré vallon,
Il récita ses élégies,
Le choeur des Muses attendries
Crut voir Tibulle en capuchon. (Cubières, 1791)

* Aimable élève de Chapelle,
Les Grâces guident ton pinceau
Et ton ingénieux modèle
Sourit lui-même à tes tableaux. (Carbonell, 1807)

* Si le P. Venance savait saisir avec justesse et peindre avec gaieté les ridicules qui s'offraient à lui, les agréments les plus fins, les grâces les plus déliées d'une jolie femme n'échappaient pas davantage à sa pénétration, et ne se reproduisaient pas avec moins de vérité sous son pinceau. Il n'est pas commun, même parmi les gens du monde les plus habiles à juger et à définir la beauté, de rendre l'impression qu'elle produit sur l'âme et sur les sens, avec l'ingénieuse délicatesse qui respire dans plusieurs passages de *La Quête*. (M. Auger, 1812)

TABLE DES MATIÈRES

Textes littéraires

Titres déjà parus

I	Sedaine LA GAGEURE IMPREVUE éd R Niklaus
II	Rotrou HERCULE MOURANT éd D A Watts
II	Chantelouve LA TRAGEDIE DE FEU GASPARD DE COLLIGNY éd K C Cameron
IV	Th Corneille LA DEVINERESSE éd P J Yarrow
V	Pixérécourt COELINA éd N Perry
VI	Du Ryer THEMISTOCLE éd P E Chaplin
VII	Discret ALIZON éd J D Biard
VIII	J Moréas LES PREMIERES ARMES DU SYMBOLISME éd M Pakenham
IX	Charles d'Orléans CHOIX DE POESIES éd J H Fox
X	Th Banville RONDELS éd M R Sorrell
XI	LE MYSTERE DE SAINT CHRISTOFLE éd G A Runnalls
XII	Mercier LE DESERTEUR éd S Davies
XIII	Quinault LA COMEDIE SANS COMEDIE éd J D Biard
XIV	Hierosme d'Avost ESSAIS SUR LES SONETS DU DIVIN PETRARQUE éd K C Cameron et M V Constable
XV	Gougenot LA COMEDIE DES COMEDIENS éd D Shaw
XVI	MANTEL ET COR: DEUX LAIS DU XIIe SIECLE éd P E Bennett
XVII	Palissot de Montenoy LES PHILOSOPHES éd T J Barling
XVIII	Jacques de La Taille ALEXANDRE éd C N Smith
XIX	G de Scudery LA COMEDIE DES COMEDIENS éd J Crow
XX	N Horry RABELAIS RESSUSCITE éd N Goodley
XXI	N Lemercier PINTO éd N Perry
XXII	P Quillard LA FILLE AUX MAINS COUPEES et C Van Lerberghe LES FLAIREURS éd J Whistle
XXIII	Charles Dufresny AMUSEMENS SERIEUX ET COMIQUES éd John Dunkley
XXIV	F Chauveau VIGNETTES DES FABLES DE LA FONTAINE éd J D Biard
XXV	Th Corneille CAMMA éd D A Watts
XXVI	Boufflers ALINE REINE DE GOLCONDE éd S Davies
XXVII	Bounin LA SOLTANE éd M Heath
XXVIII	Hardy CORIOLAN éd T Allott
XXIX	Cérou L'AMANT AUTEUR ET VALET éd G Hall
XXX	P Larivey LES ESPRITS éd M J Freeman
XXXI	Mme de Villedieu LE PORTEFEUILLE éd J P Homand et M T Hipp
XXXII	PORTRAITS LITTERAIRES: Anatole France, CROQUIS FEMININS; Catulle Mendès, FIGURINES DES POETES; Adolphe Racot, PORTRAITS-CARTES éd M Pakenham
XXXIII	L Meigret TRAITE ... L'ESCRITURE FRANCOISE éd K C Cameron
XXXIV	A de La Salle LE RECONFORT DE MADAME DE FRESNE éd I Hill
XXXV	Jodelle CLEOPATRE CAPTIVE éd K M Hall
XXXVI	Quinault ASTRATE éd E J Campion
XXXVII	Dancourt LE CHEVALIER A LA MODE éd R H Crawshaw
XXXVIII	LE MYSTERE DE SAINTE VENICE éd G Runnalls
XXXIX	Crébillon *père* ELECTRE éd J Dunkley
XL	P Matthieu TABLETTES DE LA VIE ET DE LA MORT éd C N Smith
XLI	Flaubert TROIS CONTES DE JEUNESSE éd T Unwin
XLII	LETTRE D'UN PATISSIER ANGLOIS... éd Stephen Mennell
XLIII	Héroët LA PARFAICTE AMYE éd C Hill
XLIV	Cyrano de Bergerac LA MORT D'AGRIPPINE éd C Gossip
XLV	CONTES REVOLUTIONNAIRES éd M Cook
XLVI	CONTRE RETZ: SEPT PAMPHLETS DU TEMPS DE LA FRONDE éd C Jones
XLVII	Du Ryer ESTHER éd E Campion et P Gethner
XLVIII	Samuel Chappuzeau LE CERCLE DES FEMMES ET L'ACADEMIE DES FEMMES éd J Crow
XLIX	G Nouveau PAGES COMPLEMENTAIRES éd M Pakenham

L L'Abbé Desfontaines LA VOLTAIROMANIE éd M H Waddicor
LI Rotrou COSROES éd D A Watts
LII A de La Chesnaye des Bois LETTRE A MME LA COMTESSE D... éd D J Adams
LIII A Hardy PANTHEE éd P Ford
LIV Le Prince de Ligne LES ENLEVEMENTS, OU, LA VIE DE CHATEAU EN 1785 éd B J Guy
LV Molière LA JALOUSIE DU BARBOUILLE ET G DANDIN éd N A Peacock
LVI La Péruse MEDEE éd J Coleman
LVII Rotrou L'INNOCENTE INFIDELITE éd P Gethner
LVIII C de Nostredame LES PERLES OU LES LARMES DE LA SAINCTE MAGDELEINE (1606) éd R J Corum
LIX Montfleury LE MARY SANS FEMME éd E Forman
LX Scarron LE JODELET OU LE MAITRE VALET éd W J Dickson
LXI Poinsinet de Sivry TRAITE DU RIRE éd W Brooks
LXII Pradon PHEDRE ET HIPPOLYTE éd O Classe
LXIII Quinault STRATONICE éd E Dubois
LXIV M J Chénier JEAN CALAS éd M Cook
LXV E Jodelle EUGENE éd M Freeman
LXVI C Toutain TRAGEDIE D'AGAMEMNON (1557) éd T Peach
LXVII Boursault LES FABLES D'ESOPE ou ESOPE A LA VILLE (1690) éd T Allott
LXVIII J Rivière et F Mauriac CORRESPONDANCE 1911-1925 éd J E Flower
LXIX La Calprenède LA MORT DES ENFANS D'HERODE éd G P Snaith
LXX P Adam(?) SYMBOLISTES ET DECADENTS éd M Pakenham
LXXI T Corneille CIRCE éd J L Clarke
LXXII P Loti VERS ISPAHAN éd K A Kelly et K C Cameron
LXXIII A Hardy MARIAMNE éd A Howe
LXXIV Cl Gilbert HISTOIRE DE CALEJAVA ou DE L'ISLE DES HOMMES RAISONNABLES éd M S Rivière
LXXV Odoric de Pordenone LES MERVEILLES DE LA TERRE D'OUTREMER éd D A Trotter
LXXVI B J Saurin BEVERLEI éd D Connon
LXXVII Racine ALEXANDRE éd M N Hawcroft, V J Worth
LXXVIII Mallarmé VILLIERS DE L'ISLE ADAM éd A Raitt
LXXIX Rotrou VENCESLAS éd D A Watts
LXXX Ducis OTHELLO éd C N Smith
LXXXI La Péruse POESIES COMPLETES éd J A Coleman
LXXXII Du Ryer DYNAMIS éd J Rohou
LXXXIII Chamfort MUSTAPHA ET ZEANGIR éd S Davies
LXXXIV Mme de Duras OURIKA éd R Little
LXXXV L Bouilhet LE COEUR A DROITE éd T Unwin
LXXXVI G de La Tessonerie L'ART DE REGNER éd P Chaplin
LXXXVII Flaubert POUR LOUIS BOUILHET éd A Raitt
LXXXVIII Rotrou LA SOEUR éd B Kite
LXXXIX DIALOGUES REVOLUTIONNAIRES éd M Cook
XC LA VIE DE SAINT ALEXIS éd T Hemming
XCI Jules Verne et Adolphe d'Ennery MICHEL STROGOFF éd L Bilodeau
XCII Bernardin de Saint-Pierre EMPSAËL ET ZORAÏDE éd R Little
XCIII Raymond Poisson LA HOLLANDE MALADE éd. L Navailles
XCIV Jean Galaut PHALANTE éd.A Howe
XCV L'Abbé D'Aubignac DISSERTATIONS CONTRE CORNEILLE éd. N. Hammond
XCVI Sallebray LA TROADE éd. S. Phillippo and J. Supple
XCVII Fabre d'Eglantine LE PHILINTE DE MOLIERE éd. J. Proud
XCVIII HISTOIRE D'ELEONORE DE PARME éd. R. Bolster
XCIX Saint Lambert CONTES AMERICAINS éd R Little
C P de Larivey LES TROMPERIES éd K C Cameron et P Wright
CI Venance Dougados LA QUETE DU BLE éd R. Cazals

L'association 'Les Audois'
(rue Antoine Marty, BP 24, F-11001 Carcassonne Cedex.)

L'association 'Les Audois' a été formée à l'occasion de l'édition du dictionnaire biographique de même titre. Elle regroupe la Fédération Audoise des Oeuvres Laïques et la Société d'Etudes Scientifiques de l'Aude, avec la participation des Archives départementales de l'Aude.

Publications:

– *Les Audois*, dictionnaire biographique, sous la direction de Rémy Cazals et Daniel Fabre, 1990, 800 notices, 320 pages, illustrations.
– *Venance Dougados et son temps. André Chénier. Fabre d'Eglantine*, Actes du colloque international de mai 1994 à Carcassonne, édités par Sylvie Caucanas et Rémy Cazals, conclusions par Michel Vovelle, 1995, 224 pages, illustrations.
– *L'industrie de la laine en Languedoc, de la préhistoire jusqu'à nos jours*, par Rémy Cazals, Jean Vaquer, Gilbert Larguier, Dominique Cardon et Philippe Delvit, 1995, 80 pages, illustrations (en collaboration avec APALR, Montpellier).
– *Traces de 14-18*, Actes du colloque international d'avril 1996 à Carcassonne, conclusions de Marc Ferro, 1997, 240 pages, illustrations.

Egalement disponibles:

– *Autour de la Montagne Noire au temps de la Révolution*, par Rémy Cazals, Carcassonne, CLEF89, 1989, 200 pages, illustrations.
– *Poètes audois dans la tourmente*, catalogue de l'exposition Chénier, Fabre d'Eglantine, Dougados, Musée des Beaux-Arts et Bibliothèque municipale de Carcassonne et Archives départementales de l'Aude, 1994, 100 pages, illustrations.